辩论技法与辩论口才

滕龙江◎编著

云南出版集团

云南人民出版社

图书在版编目（CIP）数据

　　辩论技法与辩论口才／滕龙江编著 ． -- 昆明：云南人民出版社，2020.9
　　ISBN 978-7-222-19512-7

　　Ⅰ．①辩… Ⅱ．①滕… Ⅲ．①辩论－语言艺术 Ⅳ．① H019

　　中国版本图书馆 CIP 数据核字 (2020) 第 151701 号

责任编辑：李　洁
助理编辑：谢筑娟
装帧设计：周　飞
责任校对：胡元青
责任印制：马文杰

辩论技法与辩论口才
BIANLUN JIFA YU BIANLUN KOUCAI
滕龙江 编著

出版　云南出版集团　　云南人民出版社
发行　云南人民出版社
社址　昆明市环城西路609号
邮编　650034
网址　www.ynpph.com.cn
E-mail　ynrms@sina.com
开本　880mm×1230mm 1/32
印张　7
字数　150千
版次　2020年9月第1版第1次印刷
印刷　永清县晔盛亚胶印有限公司
书号　ISBN 978-7-222-19512-7
定价　38.00元

如有图书质量及相关问题请与我社联系
审校部电话：0871-64164626　印刷科电话：0871-64191534

云南人民出版社公众微信号

前　言

中国古人曾说："一人之辩，重于九鼎之宝；三寸之舌，强于百万之师。"可见，辩论的作用是多么巨大。

辩论是一个对抗的过程，其目的是说服对方接受己方的观点，或迫使对方放弃自己片面的、错误的见解或主张。辩论是日常生活中常见的、广泛使用的会话形式。虽然，人们在人际交往中主张"和为贵"，但我们不应回避辩论。马克思说过："真理是由争辩确立的。"在一些特定情况下，对于大是大非的问题，我们应该拿起辩论这个武器，坚持真理，揭露谬误，以推动我们的事业。

事实上，人类自从会说话以来，辩论就从来没有停止过。

比如，古希腊那些大哲学家、大思想家的言论，就常常以辩论的形式出现。苏格拉底，古希腊最著名的哲学家，他就是一个很善于说话的人，被后世称为"最善于辩论的人"。在辩论中，他突出主题的技巧堪称"绝妙"。苏格拉底的学生很多，可是他在传播自己的思想观点的时候，从来不喜欢说教，而是采用辩论的方式，在一问一答中，通过不断揭露对方的矛盾，迫使对方承认错误，并引导对方得出正确结论。此外，苏格拉底的学生柏拉图、柏拉图的学生亚里士多德等人，也都是非常了得的雄辩家。如今，在西方民主国家，竞选辩论是一种很重要的政治活动，它在竞选中起着至关重要的作用。比如总统选举，如果在辩论中失败了，那胜出的概率就会低上一大截。

西方是这样，中国也是如此。

比如春秋战国时期的百家争鸣，就是一个大辩论的热潮。"争鸣"二字，恰当地描绘了诸子百家各抒己见、众说纷纭、据理力争的情景。当时的中华大地，到处可以看到唇枪舌剑的激烈场面。那些辩士、说客、外交家、纵横家，凭借三寸不烂之舌，劝谏于诸侯，游说于天下，个个伶牙俐齿、巧舌如簧，说得唇干舌燥，喊得嗓子冒烟，辩得双眼圆瞪，争得天旋地转……于是，中国的思想史，就在这些辩论声中缓缓前进着。

俗话说，"话不说不透，真理不辩不明"，这话确有一定的道理。辩论可以使人明辨真伪、识别异同，从而不被事物的表象所迷惑；辩论可以使人分清是非、求同存异，实现人际交往中更高层次的心灵沟通；辩论还可以培养我们的创造、表达、思维能力，使我们的头脑更灵活、更敏锐。

辩论的技法和口才是人们长期实践的成果，需要留心学习、积累。本书列举了大量的事例，深入浅出地探讨了辩论中的各种实际问题，诸如无懈可击的逻辑技巧、处处占先的进攻战术、后发制人的防守技巧、灵活机智的反诡辩术、处变不惊的临场应变术、嬉笑嘲讽的幽默技巧等，旨在帮助辩论者掌握一套行之有效的辩论技法和口才。

目　录

第一章　无懈可击的逻辑技巧

1. 思维缜密，逻辑严谨...........................003

2. 洞察荒谬，高点强攻...........................006

3. 抓住机遇，顺势而攻...........................011

4. 如法炮制，猛戈一击...........................015

5. 连类比物，由此及彼...........................018

6. 摆出事实，据理力争...........................021

7. 层层剥笋，循序渐进...........................025

8. 晓之以理，动之以情...........................029

第二章　处处占先的进攻战术

1. 抓住要害，当头棒喝.................................... 037

2. 先发制人，争取主动.................................... 041

3. 成功有方法，一言定成败.............................. 045

4. 巧用激将，激发情感.................................... 051

5. 投其所好，请君入瓮.................................... 056

6. 反客为主，主动出击.................................... 059

7. 针锋相对，以牙还牙.................................... 064

8. 步步进逼，迫其就范.................................... 070

9. 真诚表达，以情感人.................................... 073

第三章　后发制人的防守技巧

1. 旁敲侧击，巧妙暗示.................................... 081

2. 用语精练，立场分明.................................... 086

3. 避开锋芒，迂回进攻.................................... 088

4. 挽回颓势，突破僵局.................................... 091

5. 换位思考，间接说服.................................... 095

6. 曲言婉至，步步靠近.................................... 099

7. 顺水推舟，将计就计.................................... 104

8．默默聆听，伺机而动 109

第四章　处变不惊的临场应变术

1．随机应变，抢得先机 117

2．抓住心理，巧妙应对 124

3．巧用问句，控制局面 128

4．美化语言，妙口回春 132

5．步步追问，击中要害 138

6．答非所问，转移话题 143

7．蛇打七寸，进攻有力 150

第五章　嬉笑嘲讽的幽默技法

1．适当幽默，增添灵气 159

2．机辩善辩，弦外有音 162

3．风趣幽默，占有主动 165

4．模糊语言，幽默表达 167

5．声东击西，含蓄幽默 172

6．轻松幽默，化解疑虑 175

7．环顾左右，迂回入题 178

8．适时自嘲，活跃气氛 180

第六章　灵活机智的诡辩术

1. 以彼之矛，攻彼之盾.............................. 187

2. 装疯卖傻，偷换概念.............................. 191

3. 不露痕迹，巧摄人心.............................. 195

4. 运用类比，反驳诘难.............................. 198

5. 将错就错，以谬制谬.............................. 204

6. 虚拟前提，以假乱真.............................. 207

7. 强加理由，歪曲诡辩.............................. 212

第一章
无懈可击的逻辑技巧

作为辩论的载体，语言一定要准确地反映辩者严密的思维活动，准确地表达出辩者的观点、见解、主张和意图，并且具有严密的逻辑性。当你说话显得有理有据、逻辑严谨的时候，听话人就会发自内心地佩服你。

1. 思维缜密，逻辑严谨

在论辩口才培训中，要以逻辑严密、有条理为目标，使立论牢不可破，不至于给论敌以可乘之机。如果论敌的逻辑不严谨，辩者就可通过逻辑分析的方法，把对手的谬误明明白白地显露出来。

在培训论辩口才时首先要培训辩者缜密的逻辑思维能力，使其能思考一切与辩题有关的参考材料，使所有正面的、反面的论证形成一个整体，尤其不要忽略一切重要的但又是微小的细节。

爱尔兰哲学家约翰·司各脱·伊里杰纳任法国宫廷学校校长时，查理二世时常同他开玩笑。某次查理二世与伊里杰纳共进午餐，两人频频举杯。查理二世突然问他："一个爱尔兰人和一个酒鬼有何区别？"

查理二世的问话是双关语，爱尔兰人的发音是scot，酒鬼的发音也是sot，很相近。而伊里杰纳是爱尔兰人，查理二世的意思很明显，是要说伊里杰纳是酒鬼。

伊里杰纳机智地回答说："一张桌子。"意思说桌子这边是爱尔兰人，那边是酒鬼，反而把查理二世奚落了一顿。

伊里杰纳用严密的逻辑，将"酒鬼"的称号还给了查理二世。在伊里杰纳不否认自己是爱尔兰人，就得承认是酒鬼的情况下，唯一被对方所忽略的条件就是当时的情景，伊里杰纳就抓住了这一情景，从而还击了查理二世。

论辩口才的培训要求辩者能全面地考虑问题，并力求论辩中没有漏洞让人捕捉，这样就能使自己立于不败之地；反之，若被对手抓住漏洞，那就毫无办法了。

据说萧伯纳出名后，有个皮鞋制造厂老板请求萧伯纳允许以他的名字作为一种鞋油新产品的商标。

老板说："这样一来，世界上千百万人都会知道你的大名了。"

萧伯纳立刻回答说："没有鞋穿的人不知道呀！"

萧伯纳抓住"鞋"这个字，既然对方说千百万人都会知道其大名，那只是针对有鞋穿的人而言，没有鞋穿的呢？这就成了对方的漏洞。

要论辩的语言符合逻辑，就要避免语无伦次、似是而非、矛盾百出等。

《三国演义》中，诸葛亮就是巧借逻辑的力量"舌战群儒"而使吴主孙权主战的。诸葛亮先用刘备"博望烧屯，白河用水，使夏侯惇、曹仁之辈心惊胆裂"的战绩做反驳论据，驳斥了江南"第一谋士"张昭所谓"曹兵一出，弃甲抛戈"的虚假论据。接着列举汉高祖刘邦出身卑微，然而击败了秦国许多名将，围歼了"霸王"项羽，"终有天下"，驳倒了儒生陆绩的"织席贩履之夫"的刘备不足与相国后裔曹操抗衡的论题。最后，诸葛亮用"必有一假"的矛盾律，指出了匡扶宇宙之才"必按经典办事"论题的虚伪性，使得那些主降的"江东英俊"，或是"默默无语"，或是"满面惭愧"，或是"低头丧气而不能对"，从而揭开了赤壁大战的序幕。最终大败曹操，确定了三分天下的局面。

诸葛亮是我国历史上不可多得的将才和帅才，他的才能不只表现在带兵打仗、定国安邦上，他的口才更为众人所佩服和称道。正因为他语言中具有强大的逻辑力量，才在这场敌众我寡的论战中，力挫江东群儒，说服了吴主孙权出兵抗曹。

一个辩手在论辩中层次分明、条理清楚、思维严密、逻辑严谨，就能稳扎稳打，不致被对手击破。要做到逻辑严谨，一个重要的方法就是要善于归纳。一个辩手如果不能用简明扼要的话来阐述自己的观点，一说就是一大套不得要领的话，他在论辩中就很难占到有利位置；同样，一个辩手如果不能用简明扼要的话来迅速归纳对方的观点，在论辩中很容易会随波逐流，甚至迷失方向。只有善于归纳的人，才会在论辩中紧紧抓住对方的要害，有针对性地打击对方，使对方真正陷入被动的局面。

论辩口才培训中，要让辩者根据对方的逻辑，把其观点推向极端，使其"荒谬"明显地表现出来，从而予以否定。比如"经济发展了，文化才能繁荣"这个命题建立在经济发展与文化繁荣之间的逻辑关系。如果辩者对这种简单的、线性的逻辑关系进行归纳的话，就可以说："按照对方的逻辑，只要把经济抓好了，即使没有人抓文化，文化也会自然而然地繁荣起来，这岂不是把经济和文化等同起来了吗？"也可以说："根据对方的逻辑，凡是经济不发达的国家，文化一定是不会繁荣的，那又怎么解释古希腊的文化是在其城邦制度走向衰退的过程中发展起来的呢？另外18、19世纪的德国虽然在经济上比较落后，在哲学文化上却成了第一把交椅呢？"

对方的逻辑错误本来是不明显的，使用了归纳法，就使其错误明显地展露出来，从而能帮助观众迅速地判明对方的逻辑弱点。

论辩口才培训的特点是运用逻辑关系，这是建立在全面缜密思索的基础上的。在论辩中，逻辑关系的灵活运用，会让你取到事半功倍的效果。

2. 洞察荒谬，高点强攻

洞察对方的荒谬论点，就要看对方的论点是否真实、其论据是否有能力支持论点、推理过程是否符合逻辑。如果结论是否定的，就要把对方的荒谬观点延展开来，使其表现得更为明显，暴露得淋漓尽致，这种"放大"对方谬误的方法，就是"引申荒谬"辩术，也叫归谬法。

大文学家欧阳修，某次同苏东坡说起一件事：有一个病人，医生问他得病的原因，病人说："乘船时遇上刮大风，受惊吓而得病。"医生便根据他得病的原因，从被汗水浸透了的舵把上刮下木屑入药，为他治病。病人喝下去果然就好了。

苏东坡说："如果这样用药对头的话，那就会推导出一系列的荒唐结论来。如用笔墨烧成灰给读书人喝下去，不是可以治昏懒病了吗？推而广之，喝一口伯夷（孤竹君之子，与其弟互相推让王位）的洗手水，就可以治了贪心病了；吃一口比干（商纣王淫乱，比干进谏而死）的残羹剩汁，就可以治好拍马屁的毛病了；舔一舔勇将樊哙的盾牌，就可以治了胆怯病了；闻一闻古代美女西施的耳环，就可以除掉严重的皮肤病了。"

苏东坡的引申荒谬，使欧阳修无言以对，只好无可奈何地一笑了之。

又如：

一天，山阳县城来了一个外地戏班子，演起《风波亭》的戏来。扮演秦桧的艺人很有功底，把秦桧的奸诈、势利表演得惟妙惟肖、淋漓尽致，令观众交口称赞。然而台下看戏的知县大人却老大不自在：一是知县自己的为人和戏中的秦桧有相似之处；二是这个外地戏班子破了惯例，开演前没有给他送银子。于是，他挖空心思，找起戏班的岔子来了。

第二天，知县差人将戏里扮演秦桧的人叫到衙门堂前，喝问道："你知罪吗？"

那人被问得莫名其妙，问道："小人何罪之有？"

"大胆秦桧，你迫害良将岳飞致死，岂不是罪恶滔天？"

"大人啊，那是我在做戏。"

"做戏为什么做得那么像？来人啊，快将奸贼重责五十大板。"

差役们一拥而上，打得演秦桧的人皮开肉绽，一步一拐地走了回去。

有人把此事讲给山阳秀才徐文长听了，徐文长大为不平。他找到这个戏班子，自告奋勇要求担任秦桧的角色。知县本以为一顿棍棒，给戏班一个"下马威"后，银子会乖乖送上府来，不料事与愿违，不但银子分文不见，反倒又有人在演秦桧了。知县大怒，又吩咐差役传演秦桧的人到堂。

此时，戏班里慌成一团，徐文长却泰然自若。他向大伙儿如此这般说了一通，便不脱戏装，头戴秦桧宰相帽，身穿秦桧宰相袍，带了一班人马，大摇大摆进了县衙。县官已等待多时，一见徐文长进来，他就大喝一声："大胆奸贼，众人快给我拿下！"徐文长也大喝一声："我乃当朝宰相，大胆知县，还不速来参拜。"众差役见了这一帮人，都呆住了。县官无奈，只好让位给徐文长。只见徐文长一拍惊堂木："大胆知县，早有通报，竟敢怠慢本官，来人哪，与我重打一百大板。"他手下扮衙役的人立即走上前去，把知县打了一百大板，为戏班的人出了一口气。

洞悉论敌错误命题中隐藏的荒谬点，并扩大其范围、加深其程度，进行推演，让病态的种子长出畸形的苗，使其荒唐之处暴露无遗。在这一辩术的运用中，要选择好进攻点，找出对方论题中最荒谬的论点作为突破口，然后从高点强攻。把对方荒谬的论点展开推理，使其结果更为荒谬。

例如：

俄国著名作家赫尔岑有一次应朋友的邀请，去参加一个音乐会。可是音乐会的节目才开演不久，赫尔岑就十分厌烦地用双手捂住耳朵，打起瞌睡来。女主人对赫尔岑的举动感到很奇怪，便推了赫尔岑一下，问他："先生，你不喜欢音乐吗？"赫尔岑摇摇头，指着演奏的地方说："这种低级轻佻的音乐有什么好听的！"女主人惊叫起来，对赫尔岑说："你说什么？这里演奏的都是流行乐曲！"赫尔岑心平气和地反问女主人："难道流行的东西都是高尚的吗？"女主人对赫尔岑的反问不以为然，不服气地说："不高尚的东西怎么会流行？"

赫尔岑听了这话，风趣地对女主人说："那么，流行性感冒也是高尚的了？"说完，就告辞回家了。

在上述例子中，赫尔岑就将女主人"只有高尚的东西才能流行"的谬论，进一步渲染，并以此推出了令女主人无话可说的"流行性感冒也是高尚的"之谬论。

又如：

加拿大前外交官切斯特·朗宁，1894年生于湖北樊城。朗宁的父母是美籍传教士，在中国传教时生下朗宁。他是喝中国奶妈的乳汁长大的，当他30岁竞选议员时，反对派掀起一场诽谤运动，说朗宁是喝中国人的奶长大的，身上一定有中国血统。

切斯特·朗宁在和反对派辩论中慷慨激昂地反驳道："喝什么奶就形成什么血统，这是一个十分荒谬的逻辑。你们可能喝过加拿大的人乳，而且你们又难免喝一些加拿大的牛奶，那么在你们身上岂不是既有着加拿大人的血统，又有加拿大牛的血统了吗？你们不都成了'兼有人牛血统的混血儿'了吗？进一步说，你们长大不能仅靠'喝'，自然还得'吃'，吃鸡胸、吃猪排、吃羊腿……这样，你们的血统实在是很难确定了。"

朗宁在这场辩论中，紧抓住对手的谬论不放，由"吃中国人的奶就具有中国血统"这一谬论，推出了对手们是"兼有人牛血统的混血儿"，甚至于最后推出对手们是"人与多种动物的混血儿"的可笑结论。这让人们忍不住大笑起来，对手的谬论不攻自破。

3. 抓住机遇，顺势而攻

遵循着事物发展的方向，对问题做深刻透彻的分析，事物便会展现合乎逻辑的发展前景。

"因势利导"法是指在一些争论中，如果要赞成或反对某种观点，应该时刻注意周围群众的情绪，尽量调动起群众的情绪来支持自己的观点。在不知不觉中，使对手感受到精神压力，使之无回击之力。

萧伯纳的剧本《武器与人》首次公演获得巨大成功。许多观众在剧终时要求萧伯纳走上舞台，接受观众的祝贺。萧伯纳走上舞台，准备向观众致谢时，突然有一个人对他大声喊叫："萧伯纳，你的剧本糟透了，谁要看！收回去，停演吧！"

观众们大吃一惊，大家以为萧伯纳一定会气得浑身发抖，用高声的抗议来回应这个人的挑衅。谁知道萧伯纳不生气，反而笑容满面地向那个人深深地鞠了一躬，彬彬有礼地说："我的朋友，你说得好，我完全同意你的意见。"说着，他指着场内的其他观众说："但可惜的是，我们两个人反对，而这么多观众支持，有什么用呢？我们能阻止这剧本演出吗？"此语一出，引起全场一阵响亮的笑声，紧接着响起暴风骤雨般的热烈掌声。在掌声中，那个故意挑衅的人灰溜溜地走出了剧场。

萧伯纳充分体现了他的应变能力，借用观众的力量，借助听众中的附和、喝彩、鼓掌声，给自己以极大的支持，有力地反驳了那人的故意挑衅，把他引向观众的对立面，使他站不住脚。

运用因势利导的辩论战术，贵在主动造势，营造一种有利于说服对方的局面，使对方进入自己设置的思维模式。

在林肯当律师时，有一次，他得知朋友的儿子小阿姆斯特朗被控谋财害命，已初步被判有罪。他以被告律师的身份，到法院查阅了全部案卷，弄清楚了全案的关键在于原告方面的一位证人福尔逊，因为他发誓说在10月18日的月光下，清楚地目击小阿姆斯特朗用枪击毙了死者。对此，林肯要求复审。

在这场精彩的复审中，有以下一段对话。

林肯问证人："你发誓说看清了小阿姆斯特朗？"

福尔逊："是的。"

林肯："你在草堆后，小阿姆斯特朗在大树下，两处相距二三十米。能认清吗？"

福尔逊："看得很清楚，因为月光很亮。"

林肯："你肯定不是从衣着方面看清他的吗？"

福尔逊："不是的，我肯定看清了他的脸，因为月光照亮了他的脸。"

林肯："你能肯定时间是11时吗？"

福尔逊："充分肯定，因为我回屋看了钟，那时是11时15分。"

问到这里，林肯就转过身来，发表了一席惊人的论证："我不能不告诉大家，这个证人是一个彻头彻尾的骗子。他一口咬定10月18日晚上11时在月光下看清了被告的脸。请大家想想，10月18日那天是上弦月，晚上11时月亮已经下山，哪里还有月光？退一步说，就算他对时间记得不够确切，时间稍有提前。但那时，月光是从西往东照，草堆在东，大树在西，如果被告的脸面对草堆，脸上是不可能有月光的。"

听了林肯合情合理的陈述，听众先是一阵沉默，紧接着掌声、欢呼声一齐迸发出来。福尔逊顿时傻了眼。

问清当时的情形，讲明道理以引导之，是辩论取胜的常法。林肯步步为营，一点一点地营造有利于自己求证的局面，最终得出了福尔逊在做伪证的结论。所以说，运用因势利导的方法，有时可以使复杂问题简单化，为人们之间的沟通提供方便。

19世纪末，在英国国会的议事堂中，曾经发生过一场名留青史的激烈论战。

当时，有名的政治人物格莱斯顿对另一位有名的政治人物狄斯累里展开猛烈的攻击，揭发了足以毁灭对方的隐私内幕。

　　"狄斯累里先生，我对你平日的言行颇不以为然。先不提别的，根据可靠的消息说，你得了性病，可有这回事吗？"

　　格莱斯顿咄咄逼人。此话一出，震惊四座，所有的国会议员都屏住气息，四下顿时变得鸦雀无声，一片死寂。大家都想看看，狄斯累里面对此一严重的侮辱性攻击，到底如何答辩。每一个人都把视线集中在狄斯累里身上，引颈期盼着他的回答。

　　"你的话一点儿都不假。我是跟你的情妇睡觉才染上性病的。"

　　谁也没有料到，遭此奇耻大辱的狄斯累里，居然面无愠色、不慌不忙、轻轻松松地说了这么一句话。

　　话音刚落，整个议事堂顿时爆发出一阵笑声，震动屋宇，余音绕梁，久久不散。

　　狄斯累里顺势接招，然后乘势重重反戈一击，使格莱斯顿饮恨落败。

　　顺着对方的思维模式往前推，或者以对方的核心论点为前提进行演绎推论，最后得出一个明显错误或荒谬的结论，这种方法叫顺水推舟法。

　　南北朝时，范缜曾著《神灭论》，认为形体和灵魂是一体的，形体存在则灵魂存在，形体毁灭则灵魂也随之毁灭。他说："神即形也，形即神也，形存则神存，形谢则神灭。

形者神之质，神者形之用。是则形称其质，神言其用。形之与神，不得相异。神之于质，犹利之于刃；形之于用，犹刃之于利。利之名非刃也，刃之名非利也，然而舍利无刃，舍刃无利。未闻刃没而利存，岂容形亡而神在？"

这种论述一提出，朝野哗然，信奉神佛的人纷纷起来非难范缜，可是却没有人能使范缜屈服。

太原王琰乃撰写文章嘲弄范缜："呜呼范子，曾不知其先祖神灵所在。"他想以此堵住范缜的嘴巴，让他俯首认输，不再反驳。

没想到范缜却马上回敬王琰，说："呜呼王子，知其祖先神灵所在，而不能杀身以从之。"

王琰嘲笑范缜"不知道"自己祖宗的神灵在哪里，范缜顺着他的话说："既然你说我'不知道'自己祖宗的神灵在哪里，想必你一定知道自己祖先的神灵在哪里。"至此范缜话锋一转："既然你知道祖灵之所在，为什么不干脆杀身到祖灵那儿去呢？"范缜抓住机遇，顺势而攻，然后发动致命的反戈一击，终于在这场论战中获胜。

4. 如法炮制，猛戈一击

安徒生虽然是大名鼎鼎的作家，但他在生活上却极为俭朴，对自己的衣着从不刻意修饰。这正给了妒忌他才华的人以可乘之机，有些人就抓住安徒生的这一细节挖苦、讽刺他。

一天，安徒生像往常一样戴着他那顶破帽子在大街上行走。这时，有个人走过来不怀好意地问安徒生："安徒生先生，你脑袋上的那个玩意是什么东西？能算是帽子吗？"

安徒生认出了这个人，他是一个贵族，平常总爱跟自己作对，经常挖苦自己。安徒生有心狠狠地教训他一顿，但这是在街上，这样做有失自己的身份。于是，安徒生忍住怒火，淡淡地一笑："先生，在我回答你之前，你可以先回答我一个问题吗？"

贵族不知道安徒生用意何在，就很爽快地说："当然可以。"安徒生接着说："你能告诉我，你帽子下边的那个玩意儿是什么？能算是脑袋吗？"

闻听此言，贵族张口结舌，尴尬不已……

还有一个有趣的故事：

爱尔兰戏剧大师萧伯纳曾于1933年2月来中国访问，第一站是上海。当时，鲁迅、蔡元培等人在宋庆龄的家中同他欢聚。

吃完饭，大家便到花园里散步。那天天气格外晴朗，风和日丽，柔和的阳光照在萧伯纳长长的银须上，使得这位著名作家容光焕发、神采奕奕。这时，蔡元培高兴地说："萧翁，你可真有福气，在上海看见了太阳。"

萧伯纳笑了笑说："不，不，还是太阳有福气，在上海见到了萧伯纳。"一句话惹得大家哈哈大笑。

下面是发生在作家蒋子龙身上的一件事：

1982年秋，在美国洛杉矶举行了一次中美作家会议。

在宴会上，美国诗人艾伦·金斯伯格请中国作家蒋子龙解个怪谜："把一只5斤重的鸡装进一个只能装1斤水的瓶子里，您用什么办法把它拿出来？"

蒋子龙略加思索，便回答说："您怎么放进去的，我就怎么拿出来。您显然只凭嘴一说，就把鸡装进了瓶子，那么我就用语言这个工具再把鸡拿出来。"

金斯伯格说："您真了不起，您是第一个正确回答我这个问题的人。"

生活中，在某些场合，有些人为了让你当众出丑而嘲笑、讥讽你，也有些人是无意的，但却让你下不来台。对待这些人，无论他是有意的还是无心的，你大可不必与他斤斤计较，依法炮制，照猫画虎不但能变守势为攻势，还能给对手以有力的一击。

请看下面的这个小故事：

在火车站的候车室里，人潮涌动，人们都在焦急地等待着。在人群中，有一位漂亮的少妇特别引人注目。

此时，一个不怀好意的中年男子走上前来跟少妇搭话。他见少妇穿的是一双肉色的丝袜，便嬉皮笑脸地问道：

"欸，你这双丝袜是从哪里买的？我想给我妻子也买一双。"

少妇冷冷地看了他一眼，说："我劝你最好别去买，穿着这种袜子，那些不三不四的男人就会找借口跟你妻子搭腔。"

5. 连类比物，由此及彼

我们或许之前也曾看到过，辩论者为了更形象、更明了地表述观点，往往会编造或借用一些小故事，由此及彼，使得某些深奥的道理通过简单的故事体现出来。这种由于不便直说本意，而借助类比物阐明本意的方法，就是我们所说的连类比物术。

春秋战国时，陈国发生了内乱，陈灵公被大臣夏征舒杀了。陈国几个大臣逃到楚国，请楚庄王替陈国平定内乱。楚庄王打着匡扶正义的旗号，率大军灭掉了陈国，把其纳入楚国的版图。一时间，南方属国的君主和许多小部落的首领都来道喜，国内的大臣也纷纷前来祝贺，独有大夫申叔时对此不说一句恭贺的话。楚庄王火了，责问道："陈国的夏征舒杀了陈灵公，犯了滔天大罪，中原的诸侯谁也没敢过问，只有我主持正义，杀了夏征舒，而且又使我国增加了很多土地，哪个大臣、哪个属国不来祝贺？可你却吭都没吭一声，难道我做得不对吗？"

申叔时装作诚惶诚恐的样子，行礼说："不是，不是，我的心里正想着一件解决不了的案子呢，所以还顾不上说别的。"楚庄王好奇地问："是什么案子？"申叔时说："有个人牵着一头牛，从别人的田野走过，哪知牛儿踩坏了人家的庄稼。田地主人火冒三丈，不由分说，把那头牛抢走了，任凭牛主好说歹说就是不肯还。请问大王，要是您遇上这个案子该怎么审理呀？"楚庄王不假思索地说："我觉得应该把牛还给人家。"申叔时问为什么，庄王说："牵着牛踩了人家的庄稼，这当然不好，可是就为这个抢了人家的牛，不是太过分了吗？"话一出口，庄王悟到了申叔时连类比物的用意，于是将土地归还给陈国，陈国的新国君陈成公从晋国回到陈国，他很感激楚庄王，就归附了楚国。

无独有偶，西汉大臣霍光在武帝时任奉车都尉，昭帝时任大司马、大将军，辅政四帝。他死后，他的子孙广治第室，骄横荒淫，企图谋杀丞相，废掉宣帝，继而立霍光之子霍禹为帝。茂陵人徐福上书皇帝："霍家权势太大，陛下对他们既然宠护优待，就应该及时抑制，别让他们走向灭亡。"徐福上书三次，皇上总是不予理睬。后来霍家事发，遭逢灭族，被杀了几千口人。告发霍家谋反的都受到封赏，而只有徐福却被冷落在一边。

有人向皇上进谏说："有位客人路过一户人家，见这家锅灶的烟筒是直的，旁边还有一堆柴草，便对主人说：
'烟筒要修弯曲些，柴草要远离灶口，不然容易失火。'主
人不以为然。不久，这家果然失火，邻里奋力扑救，侥幸把
火扑灭，于是主人杀牛备酒答谢邻里，让救火受伤的坐在上
首，其余按出力大小顺序就座，就是没有请那位劝说修弯烟
筒的。有人对主人说：'假如以前听那位客人的话，你就用
不着杀牛买酒，也不会有火灾损失。今天论功请客，功劳
大的反倒不请，这真是"曲突徙薪无恩泽，焦头烂额为上
客"。'主人恍然大悟，连忙去请那位客人。"

　　"如今，茂陵人徐福几次上书陈说霍家将要谋反，应该
及早预防以绝后患。要是按徐福的奏章办，国家就不会有封
赏的费用，霍家也不会有灭族的灾祸。事情虽然不出徐福所
料，但徐福却没有得到封赏。这事请陛下斟酌，应重赏徐福
的曲突徙薪之策，使他在那些告发者之上。"

　　皇帝感悟，赏给徐福上等丝绸十匹，不久又任命他为
郎官。

　　从以上这些事例中，我们不难发现：说服者讲述的无论是现
实故事，还是非现实故事，都短小精悍、寓意深沉，令人听得兴
味盎然。同时故事内容与言谏本意扣得很紧，并以易喻难，以异
显同，通俗易懂，让人乐于接受。而且说服者往往是先说故事，
后露本意，故事是本意的铺垫和先导，而本意又是故事含义的集
中概括，二者相辅相成，自然和谐，毫无矫揉造作之感。

　　连类比物，触类旁通。说服者所"连"故事之"类"，来自

各种渠道，有的已流传于民间，属说者当场信手拈来，有的是乘时乘势，属讲者酌情编造，以借此喻彼、借远喻近、借古喻今、借小喻大。尽管故事内容千奇百怪，情节曲折起伏，表述娓娓动听，宗旨却只有一个，就是吸引、打动被说服者，让其由此及彼，领会故事之外的真意，进而达到说服对方的目的。

6. 摆出事实，据理力争

论辩不一定只能在语言上下功夫。有时候，用事实说话，可能会取得更好的效果。如果对方不太认可你，那么不妨用行动证明给他看，因为行动可以说明一切。用事实来说话，更有说服力。

两个同龄的年轻人同时受雇于一家超市，并且拿同样的薪水。但是不久之后，杰森青云直上，而汤姆却在原地踏步。

对于这种不公平的待遇，汤姆心里十分不满。终于有一天，他找到老板，向他吐露了自己的不满。老板一边耐心地听着他的抱怨，一边在心里盘算着该怎样解释清楚他和杰森之间的差别。终于，老板想到了一个很好的主意。

"汤姆，"老板说道，"今天早晨你到集市上去看一下，看看那里在卖些什么东西。"

过了一会儿，汤姆从集市上回来了，向老板汇报说，集市上只有一个农民拉了一车土豆在卖。

"有多少？"老板问。

汤姆赶快跑到集市上，回来后对老板说一共有40口袋。

"多少钱一斤？"老板又问。

汤姆只得第三次跑回集市，回来时已经累得上气不接下气了。

"好吧。"老板对他说，"现在你坐在这把椅子上，什么话都不要说，看看杰森是怎么做的。"

然后，老板把杰森叫了进来，说道："杰森，你到集市去一趟，看看今天早晨有什么卖的。"

杰森很快地从集市上回来了，报告说到目前为止，只有一个农民在卖土豆，一共有40袋，并且还打听了价格是多少。他说，土豆质量很不错，他带回来一个让老板看看。这个农民一个小时之后还会再弄来几箱西红柿，据他看价格也非常公道。昨天超市里的西红柿卖得很快，库存已经不多了，需要再进一些。他想，这么便宜的西红柿老板一定会买一些，所以，他不仅带回来一个西红柿当样本，还把那个农民也带回来了，现在他正在门外等着。

此时，老板转向汤姆问道："现在，你肯定知道为什么杰森的薪水比你的高得多了吧？"

汤姆听完，一声不吭地走了。

汤姆跑了三趟，才在老板的不断提示下，了解了集市的部分情况；而杰森仅跑了一趟，不仅掌握了老板需要的信息，还掌握了老板可能需要的信息。

在整个过程中，老板没有批评汤姆一句，也没有表扬杰森一句，只是让他们用行动来证明自己的不同：汤姆是那种上司吩咐什么自己就干什么，从不动动脑筋主动多做事的人；而杰森则是那种办事高效、头脑灵活的人，这种人不仅能办好上司吩咐的事，还会办好与自己的工作有关的事，更好地协助老板干好工作。

因此，杰森比汤姆升得快，工资拿得多，是合情合理的。老板正是用这种方式使汤姆消除了心中的不满，从而可以安心地工作。

与他人辩论时，如果事理对自己有利，一定要据理力争，用事实驳斥对方的谬误，从而使得对方败下阵来。在说服别人时也是同样的道理，你用事实说服别人，对方自然会在你面前低下头来，并接受你的建议。

抗战期间，厦门大学的一位英籍客座教授，在一次酒会上大放厥词，诬蔑厦大不如"英伦三岛之中小学校"，说什么"欧美开风气之先导，执科学之牛耳"，他们国家有诗圣拜伦、雪莱，剧圣莎士比亚，现代生物学之父达尔文，力学之父牛顿，而中国虽然地大物博，却"国运蹇促"，又怎么称得上是"物华天宝，人杰地灵"之邦？

当时，厦门大学的校长是萨本栋，他一听这话，立即理直气壮地反驳道："教授先生，你别忘了，中国的李白、杜甫如彗星经天之日，英伦还处于中世纪蒙昧蛮荒之中；中国李时珍写下《本草纲目》之际，达尔文的父亲、祖父还不知道是何许人。"

英籍教授一听，顿时恼羞成怒，大声说道："校长阁下，请记住，是美利坚合众国的伍斯特工学院和斯坦福大学，造就了您的学识和才能的。"

萨校长微微一笑，说道："博士先生，我也想请您记住，中华文明曾震惊世界，没有中国远古的三大发明，也绝不会有不列颠帝国的近代产业革命，更不要提什么欧洲近代文明了。"

在这个例子中，萨校长就是抓住对方论点（即中华文明是落后的）的失误，举出大量的事实，给予有力的反驳，最后，终于说得英籍教授哑口无言。至此，萨校长也达到了自己的说服目的。

中国有句俗话：根基不正，其影必斜。在说服对方时，要揭穿他们的论据的荒谬，就要用事实做依据，为自己的论点找到坚实的后盾。这样，就会使对方不得不同意你的观点，从而放弃自己的错误观念。

三国时，张昭攻击诸葛亮，说他这个军师比不上管仲、乐毅。其根据是诸葛亮面对曹操的进攻"丢盔弃甲，望风鼠窜"，从而导致"弃新野，走樊城，败当阳，奔夏口，无容身之地"。

对于这些攻击，诸葛亮不愠不火，而是根据事实，反驳道："刘备起兵之初，兵不满一千，可用之将只有赵云、关羽和张飞。新野小县，粮少人稀，我们却火烧博望在先，火烧新野在后，杀得曹操十万大军心惊胆裂。管仲、乐毅用兵也不过如此吧……想当年，汉高祖屡败于项羽之手，垓下一战，终于获得了最后胜利，靠的是韩信的智谋良策啊。而韩信辅佐高祖时，也并不是每战必胜的。"

在这个例子中，诸葛亮以事实批驳了张昭的论据，并且，针对他的"无容身之地"的诬蔑，援引刘邦、韩信的先例，说明"胜败乃兵家常事"，而"求决胜不求累胜"才是刘备的战略方针。张昭无言以对，败下阵来。

因此，在说服别人时，一定要找到合理的依据，据理力争，让对方在事实面前不得不低下头来。

7. 层层剥笋，循序渐进

色诺芬的《纪念录》中，有一段关于苏格拉底和欧西德的辩论。

欧西德：我生平所做之事，有无"不正"的？

苏格拉底：那么，你能举例说明什么是"正"，什么是"不正"吗？

欧西德：能。

苏格拉底：虚伪是正还是不正？

欧西德：不正。

苏格拉底：偷盗呢？

欧西德：不正。

苏格拉底：侮辱他人呢？

欧西德：不正。

苏格拉底：偷窃敌人而侮辱敌人，是正还是不正？

欧西德：正。

苏格拉底：你方才说侮辱他人和偷窃都是不正，现在又何言正呢？

欧西德：不正只可对敌，不可对友。

苏格拉底：假如有一将军见其军队士气低落，不能作战，他便欺骗他们说"救兵将至"，让他们勇往直前，因此，他的军队大获全胜。这是正还是不正？

欧西德：正。

苏格拉底：小孩生病，不肯吃药，父亲骗他说"药味很甜"。孩子吃了，救了性命。这是正还是不正？

欧西德：正。

苏格拉底：你说不正只可对敌，不可对友，何以现在又可以对友呢？

欧西德：……

在这里，苏格拉底便是运用循序渐进、层层剥笋的办法，一步步指出欧西德逻辑上的错误，最终使对方无言以对，不得不佩服苏格拉底的辩才。

生活中，在某些场合，你不妨运用此方法，把握脉络，循序渐进，把道理说透，不怕对方不服。

1921年，美国西方石油公司董事长兼总经理哈默听说苏联实行了新经济政策，鼓励吸引外资，就想把自己公司的业务范围扩展到苏联这个庞大的国外市场。他想，目前苏联最紧要的是消灭饥荒，需要大量的粮食，而此时美国正值粮食大丰收之际，1美元可买到35.24斤大米。农民宁肯把粮食烧掉，也不愿以这样的低价送往市场出售。而苏联盛产毛皮、铂金、绿宝石，这些正是美国市场急需的，如果能交换双方的产品，岂不是要大赚一笔？哈默打定主意，便来到了苏联。

哈默到达莫斯科的第二天早晨，就被召到列宁的办公室，列宁和他做了亲切的交谈。粮食问题谈完以后，列宁对哈默说：

"先生，不知你对在苏联投资、经营企业有无兴趣？"

哈默听了，默不作声，面无表情。

这是因为，当时西方对苏联实行的新经济政策抱有很深的偏见，做了许多恶意宣传，使许多人把苏联看成可怕的怪物。去苏联经商或投资办企业，被人称作"到月球探险"。

常言道："众口铄金，积毁销骨。"哈默虽做了勇敢的探险者，同苏联进行了一笔粮食交易，但对在苏联投资办企业一事还是心存顾虑。

列宁看透了哈默的心事。于是，他讲了实行新经济政策的目的：

"我们实行新的政策，是为了发展我们的经济潜能。我们欢迎所有的朋友到这里投资，并给予优惠，我以官方的名义担保你们不会受到任何人为的损害。"

哈默还是没出声。

列宁看出他还是心存疑虑，便接着开展心理攻势：

"你放心，我们的政府不仅不会给你增添任何麻烦，还会向你提供一切帮助。"

列宁看出哈默的眼神中还有些不放心的意思，就索性把话说得更加清楚：

"你我都明白，我们必须确定一些条件，保证双方有利可图，商人不是慈善家，除非觉得有钱可赚，不然只有傻瓜才会在苏联投资，你说对吧，哈默先生？"

就这样，列宁终于说服了哈默。不久之后，哈默成了第一个在苏联经营企业的美国人。

列宁对哈默的不解和疑惑，像剥竹笋一样逐层加以分析、解释，循序渐进，说理透彻，使得哈默解除疑虑，最终在苏联投资。

运用层层剥笋法对，要注意几个问题：

首先，你要明白"剥笋"的最终目的是什么，在"剥"的过程中紧紧围绕这一目的。也就是说，每一步都是为最后的目的服务的，不涉及最终目的或者与最终目的仅仅是有些牵连的问题最好不要涉及。

其次，在"剥"的过程中要有层次，即要循序渐进。前一步是为后一步服务的，中间不能脱节，否则就给人一种牵强附会、强拉硬扯的感觉。

8. 晓之以理，动之以情

"晓之以理，动之以情，衡之以利"，这是劝导、说服别人的最根本原则。以理服人就是摆事实、讲道理，让人从你讲的道理中领悟到其正确性，从而接受你的意见，按照你的意见行事。需要注意的是，劝导说理要对准要害，出言有据，事实确凿，对方的观点就会不攻自破。

晓之以理，就是讲道理。简单的事情、小道理，一两个典型事例，再加上简明、扼要的分析，道理就可以讲清楚；复杂的事情、大道理，涉及多方面的因素，触发一点就牵动全局，必须全方位、各层次、多角度地进行一系列说服工作，从多方面展开心理攻势，并加以严密的逻辑推理，顺理成章地得出结论。

这个结论不宜由自己单方面推断出来告诉对方，最好以征询意见的口气引导对方同你一起来推理，共同探讨，得出结论。让他把你的意见、主张，当作自己寻获的答案，自愿接受、自动就范。这样的说服更高明。因为对于经过自己头脑思考而发现的真理，人们更坚信不疑。晓之以理，要满怀信心，争取主动，先采攻势。当对方已明确、坚决地表示"不行""不干""不同意"等等之后，再说服他，就要付出加倍的努力。当然，在争取主动中仍要运用委婉、商榷的语气，切忌盛气凌人、以势压人。如对方因此而产生逆反心理，再想说服他，同样也要付出加倍的努力。

晓之以理，还要结合动之以情，通情才能达理。有时讲大道理，教育对象并非对道理本身不接受，而是与讲道理的人感情上合不来。这时讲道理的人要善于联络感情，要注意反省自己有无令对方反感的地方，及时克服和纠正。尤其当对方抵触、反感情绪较强时，首先要以诚相待，要在理解、尊重、关心的基础上，再讲道理。牧师布道宣传的是唯心主义的宗教，但因以情动人，往往能在催人泪下的同时，不露痕迹地对听众施加思想影响，使人不知不觉地接受其教义。

这就是情感的力量。对于形象思维强于逻辑思维的青少年儿童、对于多数平日没有理论思维习惯的人，以事比事、将心比心，运用其自身或熟人的经验教训，再加上感情色彩浓厚的语言，去进行绘声绘色的诉说，易令人感到亲切可信，引发情感上的共鸣，从而为接受道理扫清障碍、铺平道路。

所谓"衡之以利"就是权衡利弊得失，讲清利害关系。那些很注重实惠的人，理难服他、情难动他，唯有"衡之以利"是切实有效的一招。且不论对国家、对社会的利害如何，就是只从个人实实在在的得失考虑，他也应趋利避害，接受你的说服。那些明事理、重情义的人，并不过分讲究实惠。但你仍应设身处地充分考虑对方的切身利害、实际困难。在此基础上进行说服，才称得上是真正的通情达理，也更令人心悦诚服。

人生在世，要生存与发展，必然有各种各样的正常需要，如果丝毫不考虑对方的合理需要，双方交谈就没有共同语言，说服就无从谈起了。如果看准了对方的需求，说服就能有的放矢，确有成效。

俗话说得好，有理行遍天下，无理寸步难行。说服他人不是一件容易的事情，与其说一大堆废话，不如多讲些道理、罗列些事实，让对方心服口服。

春节马上就到了，为了让自己在未来的一年里获得新发展，有几个同事已经在给自己物色新的东家了。虽然这些小动作都是个人在私下里进行的，可是，李丽还是嗅到了味道。在这些同事的影响下，李丽也蠢蠢欲动。

吃饭的时候，李丽对老公说："我想换换工作。"

老公听了，以为李丽在开玩笑，头也没抬一下，说："换工作？可以啊！说说理由。"

李丽说："首先，我都在公司工作两年了，可是，工资一直都停留在2000元的水平，一点都没有涨。我和老板交流过，可是，没有改变。"

老公说："穷则思变。老板不加薪，自己加！如果新工作的薪水比现在的公司高，可以换换。"

李丽接着说："其次，我们公司没有良好的企业文化，工作环境也一般。两年了，公司都没有给我们举办过培训。"

"是，这也是个理由！对你以后的发展没好处。"

"第三，在公司，我感到很压抑，无法发挥自己的优势，晋升空间太小。我想找一个可以施展拳脚，至少有晋升可能的公司。"

"嗯，理由充分！"

"第四，我的上司刚愎自用，太过情绪化，我真的很想跟他狠狠吵上一架，然后挥一挥衣袖，说一声再见。"

"遇到这样的上司，是很辛苦的。炒老板的鱿鱼，未尝不是一种解脱的方法。"

"第五，我们的工作内容安排得非常不合理。"

"是，我也体会到了。你们除了加班，就是加班，而且还没有加班费。"

"综合这几点，我打算重新找一份工作。"李丽看看老公。

"看来，你工作确实不顺心，想换就换一个吧，我也帮你留意！"

为了获得丈夫的支持，李丽罗列了一大堆理由。在众多理由的支撑下，李丽实现了自己的"跳槽"愿望，而且，还获得了老公的支持。李丽的故事告诉我们：要想成功说服对方，可以将自己的理由多陈述一些，"理"多力量大！

　　说服，不是压服，总需要摆事实、讲道理来进行论证。专家认为，与人辩论时，搜集论据可以从四个方面着手。

　　（1）必需：必需是指论证己方论点或反驳对方论点必不可少的论据材料。它是与己方论点相关的论据，即由此必然能推导出己方论点的论据，或由此必然能推翻对方论点的论据。

　　（2）真实：真实是论据的生命，只有真实可靠的论据才能证实自己论点的正确性。无论是事实论据还是理论论据，都要核实无误。论据如果失真，则很有可能反为对方所用，这种利害关系不言自明。

　　（3）典型：论据能否有力地论证观点，关键在于是否典型。所谓典型的论据，是具有代表性的反映事物本质的论据。这样的论据说服力很强。

　　（4）新颖：新颖的论据令人耳目一新，能吸引人，能收到出奇制胜之效。因此选用新颖的论据，在论证中可以起到事半功倍的效果。

第二章
处处占先的进攻战术

俗话说：机不可失，时不再来。战机往往一瞬即逝，因而辩者要选择最佳时间、最佳气氛，针对论敌的弱点或要害发起猛烈进攻，以便取得最佳的辩论效果。先发制人就要在时间上抢在对手前面，抓住对手命题的要害，趁其未及防范，以突然袭击的方式和一往无前的气势，击溃对方的心理防线，从而一举获胜。

1. 抓住要害，当头棒喝

在人际交往中，常常会碰到一些气焰嚣张的人。这些人往往仗着某种权力或优势便居高临下，盛气凌人，甚至以邪恶的手段践踏人间公理和社会公德。对付这种人一定要义正词严，给他们以当头棒喝。因为不管坏人怎么坏，在公理和道德面前他们也会有所畏缩的。

其实，骄横跋扈的人从古到今并不少见。不过这样的人总会碰上一些难啃的"骨头"。

战国时的秦王想吞并安陵，便提出要以五百里土地交换安陵。安陵君自然不肯同意，便派唐雎出使秦国，以说服秦王放弃这个念头。

唐雎说明了来意，秦王一听，顿时脸色大变，怒气冲冲地对唐雎说："你听说过天子发怒吗？"

唐雎回答说："我没有听说过。"

秦王说："天子发怒，能让百万人尸骨成山，血流成河！"

唐雎说："那么，大王有没有听说过百姓发怒？"

秦王冷笑道："平民百姓发怒，不过是摘下帽子，赤着双脚，拿脑袋撞地罢了。"

唐雎说："那是庸人的发怒，不是勇武者的发怒……如果勇武的人真的发了怒，倒下的虽不过两人，血水淌过的地面也只有五六步，但是普天下都得披麻戴孝。现在勇士发怒了！"

说完，唐雎拔出宝剑，挺身而起。秦王一见顿时慌了，忙对他说："先生息怒，先生请坐下来谈，何必生这么大的气。现在我明白了，韩国、魏国都灭亡了，独有安陵君这个仅有五十里地的小国还存留下来，就是因为有先生这样的勇士啊！"

在这个故事中，唐雎面对秦王的骄横霸道、盛气凌人，不仅没有一丝一毫的胆怯，反而据理力争，甚至当着满朝文武拔剑而起，在气势上先把秦王比了下去。再加上之前唐雎所说的勇士之怒和安陵独保的现实，最终使秦王打消了吞并安陵的念头，从而达到了出使和说服的目的。

然而，还有一种人，说起来都有点可笑，他们嘴硬是因为自己也知道事没做在理上，说话自然气短，只是强词夺理而已。这时候只要你义正词严、针锋相对，保准他退避三舍。

说"硬"话，不是去批驳对方论点的错误、指责对方的可笑或荒谬，而是用与其相类、相对或相反的论点去智取对方。其实，这在辩论中也是常用的。有些人习惯了高高在上，对别人说话总是傲慢无礼，甚至侮辱别人的人格，这种人根本没有诚意，所以我们也不必客气，只有采用比较强硬的态度和严厉的言辞，才能使对方有所收敛。

20世纪20年代初，冯玉祥将军任陕西督军，一天，美国亚洲古物调查团的安德里和英国人高士林私自到终南山打猎，打死了两头珍贵的野牛。他们洋洋自得，回到西安来见冯督军。

冯督军在帐篷内会见他们。他们十分得意地述说了行猎的收获，以为冯督军会赞赏他们的枪法。只见冯督军听着听着眉头就皱了起来。冯督军问："你们到终南山打猎，曾和谁打过招呼？你们领到许可证没有？"

这两个洋人骄横惯了，根本不把冯督军放在眼里，他们十分傲慢地说："我们打的是无主野牛，所以不用通知任何人！"

冯督军一听，更加生气，慷慨激愤地驳斥他们说："终南山是陕西的辖地，野牛是我国领土内的东西，怎么会是无主的呢？你们不通知地方官府，私自行猎，这是违法的行为，你们知道吗？"

他们不服，辩解说："我们此次到陕西，贵国外交部发给的护照上，明明写有准许携带猎枪的字样，可见，我们行猎已蒙贵国政府的允许，怎么会是私自行猎呢？"

冯督军立即反问："准许你们携带猎枪，就是准许你们行猎吗？若是准许你们携带手枪，那你们岂不是要在中国境内随意杀人！"

美国人安德里自知理亏，便沉默不言，而英国人高士林仍狡辩说："我在中国已经15年，所到的地方从来没有不准许行猎的！再说，中国的法律也没有不准行猎的条文。"

"中国法律没有不准外国人行猎的条文，难道又有准许外国人打猎的条文吗？"冯玉祥铿锵有力地说："你15年前没有遇到过官府禁止你行猎，那是他们睡着了。现在我们陕西的地方官，没有睡着。我负有国家人民交托的保土维权之责，我就非禁止不可！"

在冯玉祥将军一番慷慨激昂的陈词之后，两个外国人无言以对，只好低头认罪，并请求将军饶恕他们，以后再也不重犯。

日常生活中，如果遇到像故事里描述的那两个洋人一样的人，我们也要像冯玉祥将军那样，敢于说"硬话"，以硬制硬，针锋相对，毫不妥协。说"硬话"的目的在于向对方表明自己敢于斗争的勇气和决心。在很多场合只有说"硬话"才能在气势和心理上征服对方、打击对方。对社会上一些不知深浅、好在公众场合聚众闹事、寻衅滋事的人，当你洞明对方故意要弄手腕欲挑事时，抓住要害，先发制人，开门见山，旗帜鲜明地亮出自己的观点，毫不客气地给他以"当头棒喝"，让他气短，让他理亏，最后让他服输认错。

2. 先发制人，争取主动

　　无论是在辩论、谈判，还是其他的交际过程中，争取主动是取得胜利、达到目的的根本手段。俗话说：先下手为强。唇枪舌剑的辩论恰如刀光剑影的战争，应力争主动地位，趁对方不加防备或没有做好准备的时候，先声夺人，达到控制对方的目的。先发制人是抢得制胜先机的辩论谋略。

　　一次，在辩题为"传统戏曲配上电子音乐有何利弊"的辩论赛上，自由辩论一开始，正方就率先发难。

　　正方："你刚才一再强调这样做就丢掉了传统的东西，请问，到底戏曲传统的具体内容是什么？"

　　反方："传统京剧艺术加进电子音乐之后，我看不出京剧的传统味道。至于京剧的传统到底是什么，我也不知道；京剧改革，究竟该怎样改，我也答不出来。因为我从未考虑过这个问题。"

　　正方："既然你已经承认不知道什么是京剧的传统，以及加入电子音乐后究竟失去了什么，我们就没办法与你辩论下去了。你回答不出，我们也就不勉强你回答了。"

正方二辩："对对方扔回来的问题，现在我来做圆满的回答。我们认为，传统的京剧艺术的特点有三个方面：第一就在于它的写意性，第二是它固定的表演程式，第三是它固定的唱腔。方才已经讲过，电子音乐丰富的表现力完全补充了京剧伴奏三大件阳刚有余、阴柔不足的欠缺。这就是说，加入电子音乐，既没有破坏京剧的写意性，也没有破坏它固定的表演程式和唱腔，而是使京剧艺术更加符合现代人的欣赏习惯和心理需求，我们为什么不为这种改革尝试拍手叫好，反而评头品足，甚至泼冷水呢？"

这里，正方以"问"开头，又以"问"作结，直指对方立论的要害，而且"哪壶不开提哪壶"，陷敌于理屈词穷的境地。此后，又反客为主，回答了对方答不上来的问题，由此论证自己的观点，有理有据。可见，如此率先发难，瞄准要害，加以诘问，对方避而不答，或难以答辩，都会陷入被动。

人们常常把论辩称作唇枪舌剑。是"枪"就得锐，是"剑"就得锋；否则就不能击败对方，置对方于"死地"。也就是说，论辩必须具有攻击性。下面介绍几种增强论辩攻击性的口才培训方法：

（1）掌握主动，牵住对手

辩论场上谁掌握了主动权，谁就有了取胜的保证。为了掌握主动权，除了要充分利用定义权、抢旗帜以夺人心之外，还应当在程序发言中力求稳扎稳打，尽量讲一些四平八稳、留有余地的话，不给对方留下可乘之隙。

在自由辩论中拣对方最薄弱的环节先攻，力求先声夺人；取得优势后，乘胜进入下一回合，积小胜为大胜；陷入劣势时，及时转入对本方有利的阵地，实施反攻；处于焦灼状态时不纠缠，跳出来将话题拉向一个更高的层次。从而给评委和观众一个鲜明的感觉：似乎你牢牢掌握了主动权，新的话头总由你挑起，你挑到哪里，对方就跟到哪里，全场牵着对方的鼻子走。

一些有威力、出效果，却又容易让对方钻空子的话，可以放在自由辩论时间快用完的时候讲，或是安排在正方四辩的程序发言当中讲。因为这时对方已经没有发言的机会，不可能再来钻空子了。

（2）有答必问，穷追猛打

没有经过专门训练、不够老练的队员，在自由辩论中往往不能处理好答（回答对方的问题）与问（向对方提出问题）的关系：或是只答不问，被对方牵着鼻子走，既先用完了自己的时间，又缺乏对对方的攻击力；或是只问不答，让评委和观众感到明显是在躲对方的问题，本方的攻击力也就相形见绌了；或是机械地有答必问，甚至在以机智的答词反驳了对方观点从而赢得全场掌声时，还画蛇添足地续上一段"反问"，使评委和观众百思而不得其解，为其深感惋惜。

只有经过反复的训练和"实战演习"，队员们才能够逐步学会随机应变，灵活处理答与问的关系，做到既有答必问，又不刻板机械，而"见好就收"，一切以加强攻击力为目标。

（3）揭其矛盾，乱其阵脚

对方的矛盾一般分为三类：

一是对方的论点、论据与客观事实发生了矛盾。这时应当及时运用可靠的事实材料，指出对方的观点有漏洞、材料不真实。

> 1992年南京大学队在同台湾大学队的比赛中，当台湾大学队说到全世界军费开支连年增加，1945年以来每天有12场战争在进行的时候，南京大学队立即援引斯德哥尔摩国际和平研究所具有权威性的调查报告，强调1989年全世界军事费用就降低了2%，强调60年代总共爆发了约30次战争，而80年代战争总共只爆发不到10次，以此说明缓和的趋势。

二是对方不同辩手的言论之间有矛盾。这时应当马上指出对手自相矛盾、逻辑混乱。如南京大学队在同新加坡工艺学院队辩论时，对方一方面把经济联盟严格定义为最高形式的经济一体化，即各成员国相互取消关税，自由流动各种生产要素，统一货币，协调并统一外贸、财政、经济和社会政策，从而不承认世界上有任何经济联盟；另一方面又把欧共体之类的组织当作经济联盟来评论。南京大学队紧紧抓住对手的这一自相矛盾之处猛攻，终使对手阵脚大乱。

三是对方的论述与他们应持的立场发生了矛盾。这时可以"真诚"地感谢对方帮助论证了本方的观点。

在气氛紧张、节奏极快的辩论场上，要想及时抓住对方的矛盾，绝非易事。

首先需要赛前准备充足。如果赛前的审题不充分，就不可能抓住对手在"经济联盟"概念上的自相矛盾之处；如果赛前资料准备不充分，也不可能发现对手在军费金额、战争场数上的错误。

其次需要临场发挥好。每个队员在场上都应当留心对方每个辩手的每一句话，必要时用笔记下对方的矛盾或不当之处以备反击。每个队员（除担任正方一辩，全场首先发言者外）程序发言的开始可以留下30秒钟到1分钟的时间，专门用于抓对方漏洞、揭对方矛盾。

只要这样多加培训，完全能够达到揭露对方矛盾、增强论辩攻击力的效果。

3.　成功有方法，一言定成败

"一言定成败，一言定兴衰。"有时候，成功和失败，兴旺和衰落，往往在一言之间。成功有方法，失败有原因，关键就在于语言表达这一武器。

（1）运用一语双关技法

辩论中，运用语言文字上的同音或同义关系，使字词或句式同时关涉两件事，表面上言此，实际上说彼，就是使用频率很高的双关法。双关法能使表达生动活泼，委婉含蓄，耐人咀嚼，余味无穷。

双关法作为辩论技巧，由"字面直言意义体"和"深层含义意义体"构成。前者主要是借助同语义或语音的联系而产生，后者则要借助句子、语境，甚至全篇论述才能产生。后者含义一般隐含在前者之中，正是这种含而不露、饶有兴味的表达能给人以意外之感。

从前，有位县官带着随从骑马到王庄去处理公务。来到一个岔路口，不知如何走，正巧遇见一农夫，县官大声问道："喂，老头，到王庄怎么走？"那农夫不睬不理，只顾赶路。县官大声要他停下。农夫说："我没时间，我要去刘庄看一件古怪的事。"县官问："什么古怪的事？"农夫一板一眼地说："刘庄有匹马下了一头牛。""真的？马怎么会下牛呢？应该下马才对！"县官感到莫名其妙，农夫煞有介事地回答："世上的怪事多着哩，我怎么知道那畜生不下马呢？"

面对无礼的县官，直言相劝当然无济于事，农夫机智地运用语义双关的手法斥责和讽刺他，借字面的"畜生"，斥责连做人常礼都不懂的县官，手法高明得很。

双关是一种绝妙的辩论武器。运用时要坚持文明表达、以理服人的原则，格调高雅，内容纯净，要以德胜人，切忌粗俗低级，更不能泼妇骂街。

（2）机巧应答制服刁问

在辩论中，对方往往会提一些古怪的难题或无理的刁问，如果直接如实对答就容易上当，走入死胡同。这时，最好的方式是以谬制谬，指东说西，答非所问。

1935年在巴黎大学的博士论文答辩会上，法籍主考人向年轻的中国留学生陆侃如提出了一个奇怪的问题："《孔雀东南飞》这首诗里为什么不说'孔雀西北飞'呢？"陆侃如应声答道："西北有高楼。"陆引用了我国《古诗十九首》中的名句"西北有高楼，上与浮云齐"，孔雀自然飞不过去，只好向东南飞了。真是问得奇怪，答得巧妙，众人拍案叫绝。

辩论中，应答是一种难度较大、对口才要求较高的形态，机巧应答，则堪称应答场合中短兵相接的利器。

（3）灵巧仿接，反弹敌手

辩论中，可以巧妙地仿照对方的言语结构，架构出一个与对方语义相反的句式，产生同构意悖的效果，运用此法往往能置敌手于窘境，使其自食其果、哑口无言。

古希腊曾流传着一个这样的故事：

有位年轻的演讲家，凭借其伶牙俐齿，到处发表演讲，雄心勃勃地猎取功名利禄。

有一天，父亲告诫他：

"孩子，这样下去不会有好结果的。说真话吧，富人会恨死你；说假话吧，贫民不会拥护你。无论你说的话是真是假，要么是遭到富人的憎恨，要么是遭到平民的反对啊！"

儿子听后，笑着反击说：

"您错了，我会有好结果的。如果我说真话，贫民会赞颂我；如果我说假话，富人会赞颂我。无论说什么，我都会受到人们的赞颂。"

这位演讲家顺引父亲言语表达的结构，轻巧反击，既破坏了论敌的阵势，又使自己的论点得以成立。

运用此法，关键在于接话快捷，且结构一样、意义相悖。我们再看下面这则故事：

有个财主习钻刻薄，一次，一个长工不小心踩死了他家的一只公鸡，他便乘机敲诈，对长工说："你踩死了一只能生蛋的公鸡，限你三天之内赔我同样一只能生蛋的公鸡，否则，扣发你的工钱。"

长工回到家后一直闷闷不乐。妻子问明原因，要他别着急，她自有办法。

第三天，长工妻子来到财主家。财主问道："你的丈夫呢？他怎么不来？"

长工妻子答道："他不能来，他正在家生孩子！"

财主吼道："胡说，男人生什么孩子？"

长工妻子反驳道："既然男人不能生孩子，哪有公鸡能下蛋？"

财主哑口无言，无言以对。

这种方法在生活中应用广泛，且可收到极佳的表达效果，在教育人们、批评丑恶、警示后人等场合更是可起到立竿见影的作用。如下例：

甲："你在造纸厂，有的是纸，为什么不给我带点，真不够意思！"

乙："你在银行，有的是钱，为什么不拿点给我？"

灵巧仿接是一种以其人之道还治其人之身的妙法。它一般分为两种形式：一是仿用对方的言语来还击对方；二是仿用对方用过的方法、技巧来还击对方。在使用时，首先要听出对方话语的实质和目的，其次要分析对方攻击的理由和根据，最后巧借对方的话或用过的攻击方法反击。

在运用此法时还要注意场合和对象，在气氛友好的场合对关系友好的对象忌用此法，否则容易造成气氛不谐调，伤了和气。

（4）辩论中正话反说

正话反说是一种运用实际意思跟表面意思正好相反的话进行

辩论的方法。比如用否定表达肯定、用责怪表达感激、用批评表示赞扬等等。正话反说，表面是肯定，实际是否定，形褒实贬，造成大起大落的语言变化，透示出诙谐之乐趣。这种言此意彼的语言方式被广泛运用于生活之中。如"他啊！真是太了不起啊"这句话，如果句末用讽刺语气，即为正话反说。

正话反说在辩论中作用很大。它可以鞭挞丑恶，讽刺落后。

后唐庄宗爱好打猎。一天，他率大批人马外出打猎，踩倒了很多庄稼。当地县官出面制止，惹得庄宗大怒，县官不服。这时，一个叫敬新磨的优伶站出来，将袖摩拳地痛骂道：

"你身为县官，难道不知道我们天子喜欢打猎吗？你为什么要唆使老百姓种田而向皇上交租税呢？你难道不会让老百姓都饿死而使这里的田地都空出来，供给我们皇上驰骋打猎用吗？"敬新磨说完，请求庄宗立即将县官处死。庄宗明白其用意，放了县官。

敬新磨正话反说，表面是训县官，实际是说庄宗，使庄宗认识错误，迷途知返。

小陈去某商场买布料，她选中了一块灰色大方格布料。但她发现布口是斜的，不是沿方格走的，于是便要求售货员把斜口裁正以后再扯。售货员不耐烦地说："你这人真自私，怎么不替别人想想？"

小陈听后很恼火，回答道："我自私，我当然要自私。布是给我扯的，不是给你扯的，不是给别人扯的。你不自私，把好好的料子扯斜了，你多会替别人着想啊！"几句话说得售货员哑口无言。

小陈抓住对方的话把，运用正话反说，在"自私"和"替别人着想"这两个词上做文章，反驳非常有力。正话反说，使小陈的话具有很强的讽刺味道，比破口骂人要体面得多。

正话反说，可提高辩论语言的战斗力，是反击对手的有力武器。但要注意场合，不可滥用，因为它具有很强的攻击性。

4. 巧用激将，激发情感

"城府深沉"的人，把自己内心世界隐藏得很深、喜怒不轻易流露。一般很难探寻出其内心的真正想法，是辩论中最难对付的人。

然而，他就无懈可击了吗？天底下根本没有毫无破绽的人，关键是能不能找到适当的方法。一般说来，无论多么谨慎、自守的人，一旦陷入惊惧、愤怒等失常状态时，就会暴露出他的本性。所以对付这种人，最好的办法是让他失去常态，激将法最管用。反过来说，我们也必须防备对方用特定策略刺激、激怒我们，使我们失去方寸，进而掌握我们的弱点并加以利用。

公元208年，曹操亲率20多万大军南征。江东的孙权摇摆在抗曹与降曹的两种选择之间。经过鲁肃的建议，孙权有意联合刘备对付曹操；这时诸葛亮也在同刘备商量联孙抗曹，他分析完江东当时的处境和可能的对策之后，料定孙权方面会派人前来试探。

果然，鲁肃来到，成为诸葛亮开展一场出色外交谈判的起点。诸葛亮听说江东来人，便高兴地说："大事济矣！"接着十分慎重地叮嘱刘备，凡来人提及与曹操作战的问题，都推给他诸葛亮回答。他不仅要从与来人以形势为主题的谈话中捕捉相关信息，而且还打算通过倾心交谈结交朋友。结果，直率的鲁肃经过诸葛亮的争取，透露出江东的投降倾向与抗曹势力的现状，以及作为决策者的孙权目前害怕曹操兵多将广、不敢决意抗曹的心态。于是诸葛亮就自告奋勇，出使江东鼓动其抗曹。后来的情况证明，在江东谈判中，鲁肃确实起到了穿针引线和弥合裂缝的作用，给予诸葛亮很大的支持。

诸葛亮在见到江东决策者之前，首先遭遇到的是一批力主降曹、胆怯自私的文官。他们虽非决策人物，但对孙权决策有重大影响。尤其是谋士张昭，曾经是孙策临终时指定的江东内政的主要决策顾问。这些人的投降主张已经严重地干扰了孙权抗曹的决心，诸葛亮采用了快刀斩乱麻的果断手法，对各种不利于孙刘联兵抗曹的言论，一驳到底，不拖泥带水。

很快，诸葛亮与孙权直接会谈。他看到孙权"碧眼紫髯，仪表堂堂"，立即做出对手有很强的自尊的判断，"只有激，不可说"。对待这位江东的最高权威人物，诸葛亮对准他当时在战与降之间举棋不定的矛盾心态，不但把曹操的实力添油加醋地描述了一番，而且一点也不委婉地建议他，如果不能早下抗曹决心，不如干脆投降。孙权不甘屈辱，立即回敬一句："诚如君言，刘豫州何不降曹？"

于是，诸葛亮抓住这个话柄，毫不犹豫地抛出一枚令对方难以承受的重磅炸弹："昔田横，齐之壮士耳，犹守义不辱。况刘豫州王室之胄，英才盖世，众士仰慕。事之不济，此乃天也，又安能屈处人下乎！"这枚炸弹既是对孙权的强大刺激，也是对孙权的有力鞭策，当然还是刘备一方对抗曹的坚定表态。此时，被触犯了尊严的孙权"不觉勃然变色，拂衣而起，退入后堂"。

在鲁肃的斡旋下，诸葛亮与孙权的谈判迅速恢复，并且很快达成共识，事实证明了这枚重磅炸弹的强大威力。显然，诸葛亮是怀着破釜沉舟的心情向孙权展开强大攻势的，这完全符合当时形势对双方的要求。

在最精彩也是最关键的一场与周瑜的论辩中，诸葛亮将善于拨弄对手弱点的战术发挥到了极致。周瑜是对孙权决策影响最大的人物，一旦抗曹开始，他必然是主帅，诸葛亮必须调动起他强烈的抗曹愿望。于是诸葛亮异想天开地利用曹植《铜雀台赋》中"揽二乔于东南兮，乐朝夕之与共"的句子，诳称曹操有染指孙策遗孀大乔和周瑜妻子小乔的念头。这不啻在周瑜最敏感的部位砍了一刀，把一个故作深沉、正得意扬扬地对诸葛亮大演其戏的周郎刺得顷刻之间离座而起，将自己与曹操势不两立的意愿和盘托出。请将不如激将，诸葛亮可谓神机妙算，仅凭几句话就完成了联吴抗曹的艰巨使命。

一个平庸的谈判者很难有如此的胆识，因为这要冒造成整个谈判失败的危险，可能给自己一方带来严重的损害。但是，诸葛亮绝不是图逞一时口舌之快而意气用事的人，他敢于这样做，完全是肯定了孙权绝不肯轻易降曹的缘故。应该说，诸葛亮对这种"破坏性的试验"还是心中有底的，正如他后来用《铜雀台赋》激怒周瑜一样，都取得了意想不到的效果。

激将术，通常是从反面刺激对方，使其接受建议，从而达到正面激励的效果。有时由于种种原因，对有的人正面鼓动难以奏效，就不妨有意识地运用反面刺激法，直接贬抑对方，以激起对方的正面心理冲动，使其在不自觉中接受说服。

某公司进行人事制度改革，公开招聘中层干部。大伙希望年轻有为的大学生小赵揭榜应聘。可是小赵瞻前顾后，犹豫不决，大伙一时也不知如何说服他。这时，一位同事便采用激将法，一脸鄙夷地对小赵说："小赵啊，你可是个大学生，学了一肚子玩意儿，却连个部门的担子都不敢挑，真是个窝囊废！""我是窝囊废？！"小赵一急之下，当场揭榜应招。

从心理学角度看，激将术其实就是想方设法激励人们产生超越自我的好胜心理。

激将法是一种很有力的论辩技法，在使用时要掌握以下两个原则：一看准对象，二讲究分寸。

激将法有一定的适用范围，一般说来，不适用于两种人。不适宜于沉稳持重、办事稳妥、社会经验丰富的人，这种人很容易看破你的意图；不适宜于自卑感强、性格内向、做事谨小慎微的人，激将会被他们误认为是挖苦、嘲笑，并极可能导致怨恨心理。所以，激将法只有在那些社会经验不太丰富，且容易感情用事的人身上最为管用。

同时，激将法不宜过于刻薄，那样容易使对方形成反抗心理，而语言无力、不痛不痒，则又难让对方受到震撼。所以，在使用激将法时，既要防止过度，又要避免不及。

5. 投其所好，请君入瓮

辩论往往使参辩双方针锋相对，僵持不下。要想突破僵局，取得胜利，不妨另辟蹊径，变逆为顺，采用一种"投其所好"的战术，从顺向的角度，向对方发起一场心理攻势，在过程中化解对方的攻势，发现对方的破绽，捕捉突破的战机，从而出其不意地战胜对方。以下就是对"投其所好"术在辩论中的作用所做的一些分析说明：

（1）"投其所好"能诱敌入瓮

某天，一位时髦漂亮的女青年在马路上行走。突然她发现后面有一个"摩登"男青年在紧追不舍，怎么办呢？她忽然有了主意。她回过头来对这个男青年说："你为什么老跟着我？""摩登"男青年说："您太美了，真让人着迷，我真心爱您，我们交个朋友吧！"姑娘嫣然一笑，说："谢谢您的夸奖，在我后面走的姑娘是我妹妹，她比我更美。""真的吗？""摩登"男青年非常高兴，马上回过头去，但却不见"妹妹"的身影。他知道上当了，又去追赶那位漂亮姑娘，质问她为什么骗人。女青年说："不，是你骗了我，如果你真心爱我，那么为什么去追另一个女人？经不起考验，还想跟我交朋友，请你走开！""摩登"男青年被说得面红耳赤，只好灰溜溜地走了。

这个事例中的女青年之所以能制服"摩登"男青年，就是因为顺着对方贪图美色的心理，"投其所好"，设计引诱。对方不知道是计，去追更美的姑娘，这就暴露出了他的丑恶嘴脸。女青年顺势反击，让对方自暴其丑，无地自容，达到了目的。由此可见，辩论中的"投其所好"术，实际也是一种"诱敌"战术，抓住对方的需求和动机，设下圈套，诱敌深入。当对方掉入圈套之后，我方就可迅速出击，制服对方。

（2）"投其所好"能巧布疑阵

有一位顾客来到某酒店喝酒，店主以半杯酒当满杯卖给他。他喝完第二杯后，转身问店主："你们这儿一星期能卖多少桶酒？""35桶。"店主洋洋得意地回答。"那么，"顾客说，"我倒想出了一个能使你每星期卖掉70桶的办法。"店主很惊讶，忙问："什么办法？""这很简单，你只要将每个杯子里的酒装满就行了。"

聪明的顾客在此利用店主唯利是图的心理，"投其所好"，巧设圈套，待其落入，再奋力一击，揭露了店主用半杯酒充当一杯酒的恶劣行径。这种说话方法比一般的斥责要有力得多，也要深刻得多。由这个事例可见，"投其所好"术又是辩论中的"疑兵"之计，通过迎合对方的某种爱好或某种心理，巧布疑阵，麻痹对方，使之放松警惕，误入陷阱，从而达到战胜对方的目的。

（3）"投其所好"能捕捉战机

乔特斯律师为有杀妻嫌疑的拉里辩护，控方律师麦纳斯提出了对拉里十分不利的证据：拉里曾向麦纳斯提出过，要麦纳斯帮助他与妻子离婚，并由此推论拉里在无法达到离婚目的时，会采取极端措施。乔特斯知道要直接反驳"要求离婚就有杀人动机"是甚难的。于是他采取了"投其所好"的策略与对方周旋，以图找到最佳战机。

乔特斯先向麦纳斯承认，自己对离婚案是外行，同时恭敬地问对方是不是很忙。麦纳斯踌躇满志地回答："等我处理的案子要多少有多少。"后来又补充说，每年至少有200件。乔特斯赞叹说："呀！一年200件，您真是离婚案的专家，光是写文件就够您忙的了。"麦纳斯的声音犹豫起来，感到说得太多人们难以相信，就只好承认说："可是……其中有些人……嗯……因为这样那样的原因改变了主意。"破绽出现了，乔特斯抓住这一点，进一步诱导道："啊！您是说有重新和好的可能，那大概有10%的人不想把离婚付诸行动？"麦纳斯说："百分比还要高一些。""高多少，11%？20%？""接近40%。"乔特斯用惊奇的眼光盯着他说："麦纳斯先生，您是说去找您的人中有近一半最后决定不离婚？""是的。"麦纳斯这时有些察觉到了对方的目的，但是已经没有退路了。"嗯，我想这不会是因为他们对您的能力缺乏信任吧？""当然不是！"麦纳斯急忙自我辩解道。"他们常常是因为一时的冲动而跑来找我。可是一旦真的要离婚，便改变了主意……"他突然止住，意识到自己上当了。"谢谢，"乔特斯说，"您真是帮了我的大忙。"

在这场法庭辩论中，律师乔特斯见正面反驳有很大的难度，就采用了"投其所好"术，从侧面迂回进攻。他先坦率地承认自己对离婚案是外行，恭维对方很忙，当对方得意忘形，胡吹自己处理离婚案件的数目时，他又进一步恭维对方是离婚案专家。当对方感到吹过了头，说有些人因这样或那样的原因而改变了主意时，战机出现了。乔特斯抓住这个时机，步步诱导，使对方说出了自己否定自己的话。

从这个例子可以看出，在辩论中如果正面说理难以奏效，可以采用"投其所好"的方法，与对方巧妙地周旋。当对方对抗心理软化，疏于防范，就有可能暴露出一些破绽，这就为我方提供了战机，我方应该立即乘虚而入，一举制敌。

6. 反客为主，主动出击

在辩论过程中，如果我们能够抓住对方的逻辑矛盾和论证破绽，巧妙地进行推理反击，使其观点中的某些谬误得到再现，那么对方的观点就不攻自破了。这样一来，定然能使对方反观自身，得以自悟。可以说，马云就懂得巧妙地利用这种方式。

2011年对于马云来说可谓是个多事之秋，因为就在这一年阿里巴巴旗下的淘宝状况不断。7月初马云紧急从美国飞回杭州，约见全国主流媒体就淘宝事件进行澄清说明。

在专访现场，马云对所谓淘宝商城提高门槛服务费是"过河拆桥"，甚至是为传闻中的收购雅虎做现金准备进行了逐一反驳。

"有人说阿里巴巴不了解小企业，不关注小企业的生死。我想问：国内有哪个公司或者哪个机构，能够站出来说比我们更了解小企业，比我们更能够直接了解小企业发展的现状和问题？这12年来，阿里巴巴的发展与中国小企业的发展荣辱与共，我深以为傲！"

"淘宝运营9年来，至今仍然坚持免费开店策略，我们从不指望靠淘宝商城挣钱，但我们要求所有的商家必须要确保这个平台的整体品质，赚到钱的重要基础就是所有的商家必须能给消费者提供有品质的商品和服务。"

马云说，淘宝网发展壮大至今，对阿里人来说，更是个责任。"淘宝网每年仅运营成本就超过70亿元。淘宝平台今年交易规模将达到6000亿元，培育了逾800万户的商家，每年直接、间接提供200万个就业机会。如果有一天淘宝网关门了，哪怕是关停一天，其影响将不堪设想。所以我们必须要采取一切确保品质的措施，这也是淘宝商城提高品质门槛的初衷。"

马云进行的反击推理并没有咄咄逼人的气势，反而利用公众对自己的质疑来进行设问并阐述自己的观点。这样一来，即便是对着公众与媒体，他也有气势与底气。

于无形之中将本来尴尬的话题不知不觉地转移给对方的同时，还能将自己尖锐的意见包含其中，并且以其人之道，还治其人之身，这无疑是最好的反击办法。当马云面对媒体甚至外界更多的质疑时，首先丢给了大众一个反问句，然后娓娓道来，让人信服。

武则天时期，法网严峻，手下酷吏极多。一个叫周兴的大臣平日用刑极重，杀人不眨眼。一天武则天接到密报说周兴意欲谋反，便叫另一个酷吏来俊臣去审问周兴。来俊臣于是宴请周兴，在席间问道："现在我接了一个案子，犯人死活不开口。素闻老兄有一套，能不能教给小弟几招呢？"周兴顺嘴说道："这个容易。先找个大瓮放在木柴上，然后把犯人放在里面，点起火来烤，还怕他不招吗？"来俊臣立即命人如法行事。待火点燃后，来俊臣对周兴说："我奉旨审问老兄，现在就请老兄入瓮吧。"周兴大惊，立刻低头服罪。

两个人各持己见，争论不休的时候，能够抓住对方的矛盾点，运用反诘方法的人，往往能够反客为主，为自己寻找更好的机会，给自己一段喘息的时间，同时引蛇出洞，然后看准时机，以子之矛，攻子之盾，一下就击中对方的要害。

我国宋代的文学家、政治家王安石，有一次写了一本《字说》的书。书中对有些字的解释牵强附会，甚至无中生有。一天，苏东坡来看望王安石，王安石和苏东坡谈起了这部书，提到了对"坡"字的解释，称"坡"是土的皮。苏东坡一听，觉得可笑。便在纸上写了一个"滑"字，对王安石说："照您的解释，'坡'是土的皮，那么这个'滑'字一定是水的骨头喽！"

如果苏东坡想从正面论证王安石解释的谬误，显然是无从下手的。辩论时常常遇到这样的情况，越想从正面攻击，就越会使自己陷于被动。这时最好是应用反客为主的方法，避其锋芒，攻其漏洞。

因为"以子之矛，攻子之盾"属反击推理之语，所以我们在运用这一方法时，还得注意语气是否适当、措辞是否委婉。毕竟反击之语谁都不愿意听，而且有时候这还涉及对方的尊严与权威等问题，因此我们还应当注意场合。

其实，推理反击并不难，但是要想在不同场合中都能巧妙运用，自然是需要下一番功夫去学习和领悟的。而能在需要的情况下，将这种技巧变成一种自然流露，才是我们真正应该达到的语言境界。

　　有一次，一位应考者参加知识测验。

　　主持人问："听说您是一位足球行家，理应知道所有关于足球的知识。"应考者不假思索地答道："那当然。""很好，"主持人微笑着问，"那么球网有多少个洞？"应考者愣了一下，但马上又面露微笑，从容不迫地说："能提出这样问题的人一定是一个知识渊博的人吧？"主持人乐了："那当然。""很好。"应考者说，"既然您承认自己是个知识渊博的人，那么您应该知道我们祖先中有一位叫作保塞尼亚斯的人，他是一个什么方面的学问家？"主持人说："他是一个能言善辩的哲学家。"

　　"很好，回答正确加10分。"应考者巧妙地转换成主持人的角色，更加轻松地说："关于保塞尼亚斯有这么一则轶闻。据说当时雅典的首席执政官听说保塞尼亚斯富有口才，就把他请到贵族会议上来，对他说：'贵族会议的成员，每个人都有一个难题要问你，你能用一句话来回答他们所有的问题吗？'保塞尼亚斯说：'那要看看是些什么问题。'于是议员们接连不断地提出了几十个不同的问题。当问题提完后，保塞尼亚斯应该用一句话就要答全。知识渊博的主持人先生，您能代替保塞尼亚斯以一句话答全吗？"

知识测验的主持人想了想回答："保塞尼亚斯面对几十个不同的问题，只能这样回答：'我全不知道！'""很好！很好！不愧是保塞尼亚斯的后代。今天，此时此刻，我只想再请您用一句话回答一个问题——""你问吧。"主持人说。"请问球网有多少个洞？"应考者问。主持人："……"

这种应对，在中国有时又叫作"以彼之矛，攻彼之盾"或"以其人之道还治其人之身"，不知什么时候让老外给偷学了去。

7. 针锋相对，以牙还牙

说话或者辩论的技巧和反技巧实在太多，一一学习会消耗我们不少的时间，而且过多的使用易将说话或者辩论的简洁之关破坏殆尽，效果还并不见得明显。尤其是在辩论中，当双方都掌握了那些技巧和反技巧，辩论者往往会心力交瘁，甚至沉溺于技巧之中而忘记了辩论的目的。更何况绝大多数人都喜欢直率的表达，对单刀直入的表达难以抗拒，讨厌那种拐弯抹角、吞吞吐吐、欲言又止的过分含蓄。

所谓针锋相对、以牙还牙，就是指在辩论中以其人之道还治其人之身。这种方法适用于对方讲歪理、不讲理等情况。

正面进攻，以事实说话，直截了当，一针见血，以痛快淋漓的情感、干净利落的语言说服对方。

有一个吝啬的老板叫伙计去买酒，伙计向他要钱，他说："用钱买酒，这是谁都能办到的，不花钱买酒，那才是有能耐的人。"

一会儿，伙计提着空瓶回来了。老板十分恼火，责骂道：

"你让我喝什么？"

伙计不慌不忙地回答说：

"从有酒的瓶里喝到酒，这是谁都能办到的；如果能从空瓶里喝到酒，那才是真正有能耐的人。"

显然，老板想不花钱喝酒的言行是不适当的。而如果伙计不知如何机智应对的话，或者可能遭到老板的严厉斥责，或者得自己贴钱给老板买酒。

生活中我们经常遇到无理的提问，这种场面往往让人很窘迫。你必须学习些应对的方法和技巧，才能如鱼得水、得心应手地化解尴尬的场景，从而把自己从窘境中解救出来。

在辩论中别人的挑衅往往是刹那间的，如果缺乏镇静，那只能手足无措，唯唯诺诺，听之任之。如果能在心理上保持平衡与稳定，神色不改，镇静自若地面对出现的问题，才有可能巧妙机智地应付过去。

春秋时，楚国一天比一天强大起来。为了改善关系，齐王派晏婴出使楚国。晏婴到达楚国，楚王就传令楚人尽量羞辱晏婴。见晏婴过来了，前来迎接的礼宾官员命令士兵打开正门旁边的侧门。晏婴站在正门前，兵士指了指小门儿说："先生，您请进吧！"晏婴轻蔑地笑了笑说："这纯系狗窦！出使狗国的人，才走狗窦。"楚国官员反被侮辱了一通，只好命令士兵把正门敞开。

楚王接见了晏婴，不屑一顾地问："难道齐国没有人了吗？"晏婴夸张地说："我齐国国都，名唤临淄，说大，确实不大，只有几百间人家。但是，如果每个人都把袖子甩开，能盖住太阳！如果每个人挥一把汗水，无异于下一场大雨！国都的大路上，人如潮涌，怎能说没人呢？"

楚王又接着冷嘲道："齐国既然人多势众，为什么选你来出使我国呢？"晏婴接着楚王的话音讥刺道："是的，诚如大王所说，齐国派出使者，是经过谨慎选择的，水平高的，出使上等国家；水平低下的，出使下等国家。我晏婴水平不消说了，只好出使到贵国来了。"

楚王本想羞辱齐国使者晏婴，却反倒被晏婴所羞辱。其实，当涉及尊严的问题时，是绝不能让步的。

自以为了不起的人，别看他们张牙舞爪，趾高气扬，其实他们非常无知，有的甚至是不学无术之流。对于这种人，只要你抓住了机会，找准部位，以牙还牙，针锋相对，就一定能打败他们。在现实生活中，反驳别人的不适当言行可采用这样一些技巧：

（1）比对方更荒谬

一位记者对扎伊尔前总统蒙博托说：

"你很富有。据说你的财产达30亿美元！"

显然，这一提问针对的是蒙博托本人政治上是否廉洁。对于蒙博托来说，这是一个极其严肃而易动感情的敏感问题，蒙博托听了后哈哈大笑，然后反问道：

"一位比利时议员说我有60亿美元！你听到了吧？"

记者显然是认为扎伊尔前总统蒙博托不廉洁，但并没直说，而是用引证的方式委婉地提问。蒙博托如果发脾气，声色俱厉地驳斥，则既有失风度体面，又有"此地无银三百两"之嫌；心平气和地解释恐怕也行不通，谣传的事情能够三言两语澄清吗？

于是，蒙博托除了用"哈哈大笑"表示不屑一顾以外，还引用一位比利时议员的话来反问记者，似乎在嘲弄记者的孤陋寡闻，但实际上是以更大的显然是虚构的数字间接地否定了记者的提问。

（2）委婉点拨

19世纪意大利著名歌剧作曲家罗西尼对自己的创作非常严肃认真，非常注重独创性。对那些模仿、抄袭的行为深恶痛绝。

有一次，一位作曲家演奏自己的新作，特意请罗西尼去听他的演奏。罗西尼坐在前排，兴致勃勃地听着，开始听得蛮入神，继而有点不安，再而脸上出现了不快。

演奏按其章节继续下去，罗西尼边听边不时把帽子脱下又戴上，接连好几次。演奏者看到他奇怪的动作和表情，就问他："这里的演出条件不好，是不是太热了？""不，"罗西尼说，"我有一见熟人就脱帽的习惯，在阁下的曲子里，我碰到那么多熟人，不得不频频脱帽了。"

艺术贵在独创，这样才能形成带有个性特征的风格乃至形成流派；若依靠抄袭与模仿，则只能在艺术巨匠的浓荫中苟且偷生，毫无建树。因此，要反对单纯的模仿，更要杜绝抄袭行为。罗西尼对模仿、抄袭行为的深恶痛绝即源于此。然而，直接的指责恐怕会使对方十分难堪，罗西尼便用体态语言及其说明来委婉地表示："在阁下的曲子里我碰到那么多熟人。"言外之意是"你抄袭了他们的作品"。虽然没有明说，那位作曲家的脸一定涨得通红！

（3）针锋相对

有一位女作家写完了一部长篇小说，发表后引起轰动，一时成为最畅销的热门书。有个评论家曾向女作家求婚遭到过拒绝，他怀恨在心，经常在评论中明里暗里地贬低这个女作家的才干。

有一次文学界举行聚会，许多人当面向女作家表示祝贺，称赞作品的成功。女作家一一表示感谢。

忽然，那位评论家分开众人，挤到前面，大声向女作家说道：

"您这部书的确十分精彩，但不知您能否透露一下，这本书究竟是谁替您写的？"

女作家还陶醉在众人的赞扬声中，没料到竟会有人提出这样的问题。就在她一愣的刹那，已有人偷偷发笑了。女作家立即清醒地估量了形势，问题以外的争吵于己不利，她马上镇静下来，露出谦和的笑容，对评论家说道：

"您能这样公正而恰当地评价我的作品，我感到十分荣幸，并向您表示由衷的感激！但不知您能否告诉我，这一本书是谁替您读的？"

评论家的问话，用意十分明显；而女作家的反问，同样针锋相对。潜台词是说：你从来不认真读别人的作品，所做的评论无非信口雌黄。连书都不读的人，有什么资格做评论！巧妙的反问，使评论家陷入了十分狼狈的处境。

如果对方总想高人一等、压人一头，而且蛮横无理，又强词夺理，为了占据有利地位，他们甚至用荒谬的理由、毫无根据又极具挑衅性的提问来反对你。如何面对这样的对手？如果过于强硬，对方一定不会合作，甚至会激发矛盾；如果你过于软弱，对方一定不会把你放在眼里。最好的应变方法，就是有理、有力、有节地运用"针锋相对，以牙还牙"的辩论技巧。

8. 步步进逼，迫其就范

论辩的过程就是一个此消彼长的过程。你方势弱，他方气焰马上就会上窜，这时你就会失去主动，丧失更多利益，甚至输掉辩论。所以，在论辩中，步步退让而不能达到预期的目的时，要学会用强硬的话，震慑对方心理，步步进逼，从而迫其就范。

唐朝的魏徵是我国古代一位著名的辩说家。他辅佐唐太宗长达17年，进谏数百次，多被太宗采纳。他的劝谏紧追不舍，步步进逼，丝丝入扣，说理透彻，充满逻辑力量，令人不得不折服。

贞观六年，唐朝正处在太平盛世，群臣奏请太宗前往泰山举行封禅大典，以显文治武功。唯独魏徵一人反对，认为此次封禅不妥。魏徵向唐太宗进谏："陛下虽已功高，但恩泽尚未及全国；国家虽已太平，但物资还不丰富；外邦虽已臣服，但还不能满足他们的要求；祥瑞虽多次出现，但法网还嫌繁密；年成虽说不错，但仓库还嫌空乏。所以，我以为不可举行封禅。"

魏徵采用步步进逼辩论法，由小到大、由浅到深、由轻到重，一步一步地揭示论题的本质，采用归纳推理，得出

"不可封禅"这一结论，有一定的说服力，使得本来打算接受群臣奏请前往泰山封禅的太宗沉默不语。

魏徵见劝谏初步奏效，接着又说："一个刚刚病愈的人，就让他马上扛一石米日行百里，这样肯定是不行的。而我们国家刚刚医治好战乱的创伤，元气还没有恢复，就急于向上天报告功绩，当然是不妥当的。"

魏徵步步进逼，广譬博喻，步步递进，犹如层层剥笋，最后露出笋心，揭示出深刻的论题。唐太宗三思后，欣然接受了他的进谏，停止了封禅。

在论辩过程中，采用步步进逼的技巧还可以由小到大、由浅到深、由轻到重，逐渐揭示问题的本质，进而诱敌就范，达到我们沟通、交际的目的。

有一次，庄辛跟楚襄王说："大王您只知道淫逸奢靡，不顾国政，我们国家已经非常危险了！"

楚襄王说："你是老糊涂了吧？你这不祥的东西！"庄辛进谏无效，只得去赵国。

五月后，秦国连取楚国数城，襄王只得弃都逃亡，此时襄王派人请回了庄辛。

庄辛对楚襄王说："大王不见那蜻蜓吗？六只脚，四个翅膀，在天地间飞来飞去，俯啄蚊虻而食之，仰承甘露而饮之，自以为无患，与人无争也。谁知五尺童子，正调了糖浆，胶在丝上，要从四仞多高的半空中捉它下来，给蝼蛄和蚂蚁当食物呢！"

"蜻蜓还是细小的东西，且不去说它。那黄雀俯啄白米，仰栖高枝，鼓翅飞翔，自以为无患，与人无争也。谁知公子王孙左挟弹弓，右捏弹丸，将要把它从十仞高之处射下，结果白天还嬉游于茂林修竹之间，夜里却被人烹调成佳肴了。"

"黄雀还是细小的东西，且不必说它。那天鹅游弋江海，栖息大湖，仰身嚼那菱角香草，振翅飞翔直上云霄，自以为无患，与人无争也。谁知射手正用弓箭，要把它从百仞之上射下来，白天还在江河湖海游戏，晚上已成鼎中之食了。"

"天鹅还是细小的东西，且不必说它。那蔡灵侯，南游高丘，北登巫山，饮茹溪之水，食湘江之鱼，左手抱了年轻的美女，右臂挽着宠幸的姬妾，同他们优游于上蔡，而不以国政为事。他哪里知道，子发正在楚王面前接受了命令，拿了朱红的丝绳要去捆绑他，把他杀掉呢！"

"那蔡灵侯的事还是细小，且不必说它。大王您左边有州侯，右边有夏侯，御车后跟着鄢陵君和寿陵君，食封地俸禄之米粟，用四方贡献的金银，同他们驰骋于云楚之间，而不以天下国家为事。你不知道，穰侯正接受了秦王的命令，要率军队占领我们的国家，把大王驱赶到国外去呢！"

庄辛采用了步步进逼的辩术，先设四喻，由蜻蜓到黄雀，由黄雀到天鹅，又由天鹅到蔡灵侯，从小到大，由物及人，层层递进，步步进逼，最终破的，致使襄王闻后，"面色乍变，身体战栗"，到了非纳谏不可的地步。

在辩论中，辩论者恰当地使用步步进逼术，可使论证一步比一步深入，增强语言的说服力；可使对手时时处于被动，使其没有喘息的机会，没有思考的时间，以便于达到自己预期的目的。

9. 真诚表达，以情感人

亚里士多德说过：与其他人比较，人们更容易坚定地相信完美的人，当对一个问题有意见分歧又不能下确切判断时，更是如此。

常常言行不一的人，辩论的水平越高，人们越反感。口含蜜，心似剑，诡计多端，手段毒辣的人，最易遭人唾骂。以德服人，即使没有舌战群儒的雄辩之才，同样能够打动人心，甚至更能打动人心。

道理能征服人，主要靠真理的力量；道德能征服人，主要靠人格的力量。人格和德行作为一种非智力因素，尽管不是道理，但往往胜于道理。我们常讲德高望重，其实"德高"不仅能"望重"，而且能"言重"，即增加讲道理的分量。从某种意义上说，德行是形象的道理，道理是抽象的德行；道德的滑坡是最危险的滑坡，人格的缺失是最可怕的缺失。"以理服人"和"以德服人"不可偏废，而后者是一种至高境界。

一个平凡的业务员，在做了十几年的推销工作后，十分反感和厌恶那些长期以来用强颜欢笑、编造假话、吹嘘商品等招揽顾客的做法。他觉得这是生活上的一种压力，为了摆脱这种压力，他决定对人要以诚相待，不对顾客讲假话，要以一颗真诚的心来对待他们，即使被解雇也无所谓。出乎意料的是，当这种想法浮现在脑海后，他顿时觉得自己的心情比以往更轻松起来。

这天，当第一个顾客来到店里，问他店中有没有一种可自由折叠、调节高度的椅子时，他就搬来椅子，如实地向顾客介绍。他说："老实说，这种椅子质量不是很好，我们常常会收到顾客的投诉和退货。"

顾客说："是吗？很多人家都用这种椅子，我看它似乎还挺实用的。"

"也许是吧。不过，据我看，这种椅子不一定能升降自如。您看，没错，它款式新，但结构有毛病。如果我隐瞒它的缺点，就等于是在欺骗您。"这位业务员耐心地给顾客解答。

客人追问："你说结构有毛病？"

"是的，它的结构过于复杂、精巧，反而不够简便。"

这时，业务员走近椅子，用脚去踩脚踏板。本来要轻踩，但是他一脚狠狠踩下去，使椅面突然向上撑起，正好撞到顾客扶在上面的手。业务员急忙道歉："对不起，我不是故意的。"

没想到客人反而笑起来，说："没关系，不过我还要仔细看看。"

"您慢慢看，买东西如果不精心挑选，会很容易吃亏的。您看看这椅子的木料，品质并非上乘，贴面胶合也很差。坦白地说，我劝您还是别买这种椅子，不如看看其他牌子的，要不到其他店看看也可以，说不定那里会有更好的椅子。"业务员说。

客人听完这番话，十分开心，要求买下这张椅子，并马上取货。但是，等到这位顾客一走，业务员就立即遭到经理的训斥，同时被告知到人事部办理离职手续。过了一个小时，业务员正整理东西，准备打包回家时，店内突然来了一群人，争相购买这种椅子，几十张椅子一下子就买空了。

大量事实证明，最能说服别人的并不一定是口若悬河的人，而是善于表达真诚的人。当你用得体的话语表达出真诚时，你就赢得了对方的信任，建立起人与人之间的信赖关系，对方也就可能由信赖你这个人而喜欢你说的话。这也是很多训练有素、似乎懂得说话奥妙的推销员常常不能打动顾客的原因。

一泻千里的气势虽然流畅、激昂，但是如果少了诚意，那就失去了吸引力，如同一束没有生命力的绢花，很美丽但不鲜活、动人，缺少魅力。因此，辩论者首先应考虑的是如何把自己的真诚注入论辩之中，如何把自己的心意传递给对方。只有当听者感受到你的诚意时，他才会打开心门，接收你讲的内容，彼此之间才能实现沟通和共鸣。

美国石油大王洛克菲勒的儿子小洛克菲勒，在1915年处理一次工业大罢工时，就是运用诚恳的演说，解决了与工人之间的矛盾。

科罗拉多州煤铁公司的矿工要求改善待遇，进行罢工，因为公司方面处置不善，这次罢工演变成了流血的惨剧，劳资双方都走向了极端。这次罢工，持续了两年之久，成为美国工业史上一次有名的大罢工。小洛克菲勒最初使用军队镇压的高压手段，闹出流血惨剧，不仅没有解决问题，反而延长了罢工的时间，使自己的财产受到了更大的损失。后来，他改变方法，采用柔和的手段，先暂时不谈罢工的事情，他深入工人当中，并亲自到工友家中慰问，使双方的关系慢慢地好转起来。之后，他叫工人们组织代表团，以便和资方洽商和解。他看出工人们已经对他稍稍释去了敌意，于是，便对罢工运动的代表们做了一次十分中肯的演说。就是这一次演说，解决了两年来的罢工风潮。

在演讲中，小洛克菲勒说："在我有生之年，今天恐怕

要算是一个最值得纪念的日子。我十分荣幸，因为能够和诸
位认识。如果我们的聚会是在两个星期之前，那么，我站在
这里就会是一个陌生人；因为对于诸位的面孔，我认识的还
只是极少数。我得到机会去南煤区的各个帐篷里看了一遍，
和诸位代表都做了一次私人的个别谈话；我看过诸位的家
庭，见到诸位的妻儿老幼，大家对我都十分客气，完全把我
看作自己人一般。所以，今天在这里相见，我们已经不是陌
生人而是朋友了。现在，我们不妨本着相互的友谊，共同来
讨论一下我们大家的利益，这是使人感到十分高兴的。参加
这个会的，是厂方职员和工人代表，蒙诸位的厚爱，我才能
在这里和你们相见并努力化解一切矛盾，彼此成为好友。这
种伟大的友谊，我是终生不会忘掉的。我们大家的事业和前
途，从此更是无限的光明。在我个人，今天虽然是代表着公
司方面的董事会，可是，我并不站在和诸位对立的地位，我
觉得我们大家都是有着密切的关系和友谊的。与我们彼此有
关的生活问题，现在我很愿意提出来和大家讨论一下，让我
们一起从长计议，获得一个双方都能兼顾到的圆满的解决办
法，因为，这是对大家有利的事……"

　　小洛克菲勒的讲话，虽没有华丽的辞藻，但语气诚恳，
引起了矿工广泛的共鸣，一下子就使自己摆脱了困境。

　　"感人心者，莫先乎情。"辩论是一种以己达人的艺术，
不仅要以理服人，以德示人，更要以情动人，即通过丰富的情感

展示激起人们相应的情感体验，从而影响人们观点以及行为的变化，取得最佳的辩论效果。

以情感人的最佳方法就是现身说法，以自己亲身的经历和遭遇劝导别人，情真意切，最易引起对方的共振。

第三章
后发制人的防守技巧

在辩论中，进攻和防守是相对的。也就是说，进攻之中有防守，而防守之中也有进攻，防守只是针对进攻而言的。所谓防守，是指当己方遭受进攻时，以应答为主要手段，维护己方立论、巩固己方阵地的一种辩论战术形式。

1. 旁敲侧击，巧妙暗示

旁敲侧击，避免正面迎敌，这不仅是兵法的招数，也是论辩中一条以守为攻的妙计。在说服别人时，不直接交代想要达到的目的，而通过曲折含蓄的语言，向对方暗示自己的思想、意见。这种语言表达方式既可以达到批评的目的，又可避免难堪的场面，所以常被用来作为说服的有效手段。

苏秦到楚国后，过了三天，才得到被楚王召见的机会。被召见后，苏秦立即请辞回国。

楚王说："我久闻先生大名，见到你如同见到古代贤人。今天先生不惜千里来与我会面，竟然不肯多停留，这是为什么呢？"苏秦回答说："楚国的饮食比宝玉还贵，柴火比桂木还贵，传达人像鬼一样难以看见，大王像天帝一样难得拜会。如今您是让我吃宝玉、烧桂木，靠着鬼去见天帝。"

楚王顿时很羞愧，说："请先生暂到宾馆安歇，我受教了。"

苏秦在这里运用的就是"旁敲侧击法"。旁敲侧击，抓住对方的"要害"，要隔层纸，不一语点破，要点到为止，对方的心理防线无形之中就会被攻破。

　　裴曼是唐代开元年间东都洛阳的一位将军，剑法超群，无几人能出其右。

　　裴曼不仅剑舞得好，而且酷爱书画。一次，他家有亲人亡故。为表达对死者不尽的哀思，他想请人在天宫寺绘制一幅壁画，一来为亲人超度亡灵，二来也暗合了自己的嗜好。于是，他遍访各地，但一直未找到合适的画师。

　　事有凑巧。一日，他来到天宫寺，巧遇画家吴道子和书法家张旭，裴曼高兴得手舞足蹈。

　　他热情地迎上前去，主动报上姓名，盛情邀请二位艺术家到一家酒店"便宴"。二位也不推辞，口呼"幸会"，脚毫不犹豫地迈向酒店。

　　席间，裴曼虚心请教画坛之事。吴道子像是遇到知己般大谈画坛近况。裴曼直点头，大叫深刻、精辟，很受启发。

　　酒过三巡，裴曼道出了自己的心事，并分别给二位送上玉帛十匹、纹银百两，作为作画、题字的酬金。

　　哪知二位艺术家笑意全消，面色冷若冰霜，拂袖而去。

　　裴曼见状，心想：大约是两位艺术家嫌这些报酬太低，有辱"大师"名声。给他们如此微薄的报酬，太少、太不像话了。

　　他痛心疾首，带着痛改前非的诚恳表情拦住二位，赶忙赔礼道歉："二位先生莫嫌钱少，我这是分期付款。等画作好之后，我再补齐。"

吴道子听罢，怒从心起："裴将军这不是太小看人了吗？"说罢，气呼呼转头就要走。

裴曼觉得十分难堪。他想，论社会地位，我不比你们低，我是将军；论本事，大家也是各有所长，说不上谁高谁低。你画画得好、字写得棒，我的剑术亦堪称一流。今天我屈尊求画，反在这公共场合受到冷落，好生尴尬。裴曼不由怒气上升，一时难以压下。

裴曼有个"毛病"，一怒就要舞剑。这大约是战场上培养出的条件反射习惯。只见他脱掉孝服，拔剑起舞，身子左旋右转，宝剑上下翻飞。吴、张二位看得津津有味，频频点头。在场围观的人，个个惊得目瞪口呆，竟都忘了叫好。

裴曼一边挥剑狂舞，一边口中念念有词："什么大师！什么书圣！画圣！我看是欺世盗名，徒有其表！光会舞文弄墨，描些香草美人，于世道无补，甚至不能助我尽一份孝心……还不如咱手中这把剑，可以斩妖驱邪，换来人间太平。有能耐来呀，是骡子是马拉出来遛遛！"

吴道子、张旭听着，面面相觑，不禁汗颜。看罢舞剑，上前与裴曼长时间地热情握手、拥抱。

"刚才我们不是故意使你难堪，实在是我们太厌恶铜臭。我们绝不为了钱而出卖艺术。"说罢，吴道子灵感大发，挥动如椽大笔，在壁上舞墨作画，一气绘成了一幅巨型壁画。这就是吴道子平生最得意的《除灾灭患图》。

使用旁敲侧击的说服策略，能让对方在不知不觉中同意你的论点。对于那些态度强硬的说服对象来说，这无疑是一种有效的说服方法。

周景王七年诸侯大会召开后，楚灵王为了向各诸侯国展示自己兵力强盛，两次攻打吴国，但都没有成功。于是就大兴土木，欲以物力夸示于诸侯。

他修建了一座宫殿，名叫章华宫，占地四十里，非常雄伟。周景王十年，楚国邀请鲁昭公前来祝贺章华宫落成。

被派去邀请鲁昭公的大夫启疆说："鲁国国君开始还不肯来，我再三向他叙说他与我国大夫婴齐的旧交情，又以讨伐相威胁，因害怕被攻打，他才肯来。鲁君对礼仪很熟悉，愿主公多多留意，不要被鲁人笑话。"

楚灵王问："鲁君相貌如何？"

大夫启疆说："白面皮、高个头，留着一尺多长的胡子，可谓一表人才。"

楚灵王暗中选了十名大汉，都留着长胡子，让他们学习鲁国的礼仪，作为鲁昭公访楚时的陪同。鲁昭公一见，十分吃惊，又见章华宫华丽壮观，夸赞之声就不绝于耳。

楚灵王十分得意，问："贵国亦有这样的宫殿吗？"

鲁昭公忙躬身回答："敝国小得很，比不上贵国万分之一。"

楚灵王更得意扬扬，遂下令在章华宫中宴请鲁昭公。宴毕，楚灵王一时兴起，便将楚国兵库中的镇库宝弓，一张名为"大屈"的弓赠给鲁昭公。

第二天，楚灵王酒醒后就后悔了，他舍不得此弓被别人拿走。

启疆说："主公放心，我能使鲁君把此弓还给你。"

启疆到公馆拜访鲁昭公，假装不知道这件事，对鲁昭公说："我国国君昨日宴请时，赠给君王什么东西没有？"

鲁昭公拿出了大屈弓。

启疆见了，佯装毕恭毕敬的样子，向鲁昭公祝贺。

鲁昭公说："一张弓有什么值得祝贺的。"

启疆说："这张弓可谓名扬天下，齐、晋、越三国，都曾派人来索求它，我国国君均未答应。现在把这弓赠给君王，他们三国，将向贵国索求了。贵国应加强防御，小心地保护着这张宝弓。这还不值得祝贺？"

鲁昭公说："我不知道这是张宝弓。要知道这样，怎敢接受呢？"

于是，便把大屈弓还给了楚国。

侧面突袭，务必找到对方的要害并一击而中，迫使他就范。启疆所用的就是"旁敲侧击"之法，巧妙地利用宝弓的名气与大国的实力，表面上是在恭维鲁昭公，实质上却是在吓唬他，从而达到"要回大屈弓"的真实目的。

2. 用语精练，立场分明

辩论语言的巧妙，指辩论不是平淡地申明或反驳，而是选取比较新颖的角度进行答辩。

如1986年亚洲大学生辩论赛，在中国内地大学生同香港大学生争夺第一名的比赛中，香港大学生的论点是"发展旅游事业好"，问内地学生是否赞同。若直接赞成或反对，都不能取胜。因为，如果赞同就意味着认输，而硬说"发展旅游事业不好"，反对的理由不充足，容易被认为是诡辩。内地大学生选择了一个获得最佳效果的角度："如果不分时间、环境，盲目地发展旅游事业则是有害的。"内地大学队出奇制胜，巧妙地击败了香港队。

一位哲人曾说过这样一句话：雄辩是熊熊燃烧的逻辑。辩论中强调逻辑严密，不仅要求做到对自己观点的阐述具有条理性，更重要的是，运用逻辑武器进攻对方的立论、论据、论证，揭其荒谬、避其锋芒、挫其锐气、扬己命题，充分展示语言的雄辩性。

辩论语言的这一特征是通过灵活运用形式逻辑和辩证逻辑原理、方法体现出来的。具体来说，辩论过程靠的是设计逻辑框架、填充理论事实，来形成一个攻防自如的有机整体。但在辩论过程中，由于有时命题立场对己不利，或材料准备不足，又或对方故设逻辑难题，靠正常逻辑思维方法难以达到对己有利的目的，因而不得不采取必要的辩论逻辑方法，即"诡辩的逻辑"，摆脱语言困境。

辩论的用语要精练，辩论者必须用简短明快的语言击中对方的要害，甚至达到"一语中的"的程度。辩论择词应力求简短、犀利，因为任何一方的辩论时间都是与对方的思考时间成正比的。也就是说，一方的辩论时间越短，对方考虑如何辩驳的时间也就越少，给对方造成的困难也就越大。倘若一方发言冗长，必然留给对方更多的回旋余地，获得充分的思考时间，并较容易抓到突破口而获胜。这是决定辩论成败的一个重要方面。

辩论是双方针锋相对的较量，主要目的是造成"你错我对"的结果，从而战胜或者说服对方。由于观点的对立，辩论者的语言必然表现为冲突的形式，而其冲突性又具体体现在语言的攻击性上。

辩论者语言攻击的目标，一般是对方的观点（论点、论据和论证方式），但有时也可以是对方的品行或人格。攻击对方的品行或人格最终也体现了观点的对立。

辩论中语言的攻击性因辩论主体、辩论内容、辩论目的、辩论环境不同而不同。有的攻势凶猛，咄咄逼人；有的柔中带刚，绵里藏针；有的措辞激烈，力敌千钧；有的性情温和，不痛不痒。但不管怎样，凡有辩论就有语言交锋，就必然体现出不同程度的攻击性，哪怕这种攻击的力量是极其微弱的。

3. 避开锋芒，迂回进攻

很多时候，我们很难直接而有效地说服别人，这时，应该采取迂回战术，避开正面的语言交锋，而从侧面寻找突破口，循循善诱，说服别人。迂回诱导能够增强说服力，往往会激起对方思想上的波澜，让对方在思考中明白事理。

登山之路，迂回曲折，多绕一点路，却能顺利到达山顶；以诱导技巧说理，尽管多费一点口舌，却能使对方心悦诚服。如下面这个事例：

赵惠文王驾崩，由孝成王继位。当时孝成王还年幼，就由他的母亲赵太后摄政。秦国趁机大举攻赵，赵太后转而向齐国求援。齐国提出了严苛的条件——"一定要以长安君作为人质，否则就不出兵。"长安君是孝成王最年幼的弟弟，赵太后最小的儿子。

赵太后坚决拒绝齐国的要求，无论重臣们如何竭力劝谏她都不答应，还说："如果再有人让我把长安君送去当人质，我就将口水吐到他的脸上。"然而，左师触龙却以迂回诱导、寓情于理的方法，说服了赵太后。

左师触龙故作若无其事的样子，慢慢地走了进来，首先抱歉地说："我的脚有点毛病，行走困难，所以许久未向您请安，但又担心太后的健康状况，所以前来晋见……"

"我都是以车代步。"太后说。

"那饮食方面呢？"

"都是吃粥。"

"我最近也是食欲不振，所以我每天要固定地散散步，以增加食欲，也可以使身体健康一些。"

"我可不能像你那样。"

一阵寒暄之后，赵太后的表情才稍稍缓和下来。

触龙又说："我有个小儿子，名叫舒祺，非常不成材，叫我感到很困扰。我年纪也大了，希望在我有生之年向太后请求，给他个王宫卫士的差事，这是我一生的愿望啊！"

"可以，他今年几岁了？"

"15岁，或许太年轻了，但我希望能在生前将他的事情安排好……"

"看来你也是疼爱小儿子的。"

"是啊，而且超过了做母亲的。"

"不，母亲才是特别疼爱小儿子的。"

触龙以为小儿子舒祺谋事做借口，终于引出了赵太后的小儿子——长安君的话题："是吗？我觉得太后比较疼爱长安君嫁到燕国的姐姐。"

"不，我最疼爱的是长安君。"

触龙说："如果疼爱孩子，一定要为他考虑将来的事。当长安君的姐姐出嫁时，你因不忍离别而哭泣，之后又常常为挂念她的安危而掉泪。每当祭拜时，你一定祈求她'不要失宠而回赵国'，而且希望她的子孙都能显能达贵，继承王位。"

"是啊，是这样的。"

"那么请你仔细想想看，至今为止，历代赵王的子孙受封为侯的能持续三代而不坠吗？"

"没有。"

"不只是赵国，其他的诸侯怎么样呢？"

"也没有听说过。"

"为什么呢？所谓祸害近可及身，远可殃及子孙。王族的子孙并非全是不肖者，但是他们没有功绩而居高位，没有功劳而得到众多的俸禄，其最终结果就是误了自己。现在您赐给长安君以崇高的地位、肥沃的封地，却不给他建立功绩的机会，您百年之后，长安君的地位能保得住吗？所以我认为您并没有考虑到长安君的将来，您所疼爱的是长安君的姐姐。"

赵太后被触龙的话说服了："好吧，一切就按照你的意思去做！"

左师触龙运用迂回诱导的方法，一步步地说服了赵太后。

在日常生活中也有这样的情况：当你要求别人做一件事，或指责别人有过失的时候，你要尽量选择让对方感到有回旋余地的方式，仿佛把主动权交给对方。例如某员工衣帽不整，有损企业形象，你可以说："这样还算挺好的，但如果能够再把这个颜色换一下，会更好些。"这样的话语就会使员工乐于接受，也就能心悦诚服地改正。

用委婉的语言曲折表达自己的意思，听者觉得合情合理，会认为你是为他着想，或者感到合情合理，这就容易达到自己的目的，也给人以教育或启迪。

在辩论中，迂回诱导法主要用于以下两种情形：

（1）对方提出的问题，你不能如实答复，也不便直接否定。这时，不妨借用对方的观点做迂回的表达。

（2）如果对方的论证不合逻辑，使你难以接受其观点，不妨也非理性地提出对抗性的命题，当对方表示质疑的时候，你就可以此反驳他原来的结论。

在论辩的过程中，不能只讲空洞的大道理，而应该把道理讲得具体、生动，循序渐进地把道理说明白，诱导听者进行思考，使听者在思考中接受你的说服。迂回委婉的表达方式，得体的语言，可以增强语言的丰富性和生动性，达到"言有尽而意无穷"的效果。

4. 挽回颓势，突破僵局

在辩论的过程中，当你受到猛烈的攻击时，绝不可以轻易地屈服。

你要设法打住话题，否则无法挽回颓势，突破僵局。

当你被逼得走投无路时，最重要的是不可慌张，而且还必须静静地等待。如果鲁莽地采取行动，只会使自己输得更惨。

（1）使用俗谚

使用俗谚是一种可以起死回生的说话技巧。俗谚可使人产生"那是一种真理"的错觉，而任何人都不得不屈服于真理之下。

当对方急着要你做决断时，你可以说："俗话说得好，'欲速则不达'，在这紧要关头，我们应先稳住阵脚，以便从长计议。"

当对方以丰富的知识攻击你的无知时，你便说："俗话说'知而不行，犹如不知'，我们应该重视这一点。"

（2）找个借口

找借口也是个好办法，要诀是必须故弄玄虚，并且要做好背水一战的准备。

"你的意思我完全了解，但你何必这样指责，以致伤了彼此的和气？再说，你那方面也不见得完全没有问题。你这种逼人太甚的态度，实在令人难以接受。"

"或许你说的是对的，但你要知道，道理在这世上不一定通行无阻。如果你固执己见，本来可以成功的也会失败。"

你必须在话题以外寻找突破口，以便向对方还击。因为在此之前，你处于弱势。

要扰乱对方的阵脚，不断发问是很有效的方法。

"你刚才说有检讨的必要，这是什么意思？"

"你刚才说要建立全体参与的体制，所谓全体是指哪些人？而且要以什么样的方式参与呢？"

如此持续不断地发问，对方早晚会露出破绽。因此，你就锲而不舍地与对方缠斗下去，直到对方不耐烦地脱口而出："这种芝麻小事无关紧要！"这时，你就有机可乘了。你可以反驳对方说：

"你怎么可以说这是芝麻小事？只要我还有疑问，你就必须说明，否则我怎么能完全了解呢？"

采取这个办法时，有以下两个要点。

第一，很明显的事也要反复地询问。这样一来，对方定会感到厌烦，因而产生不想再和你纠缠下去的想法。这是一种声东击西的策略。为了转移对方的注意力，以免他再注意到你的弱点，最好对他说些毫不相干的事。

另外，此发问方式也具有使对方的话丧失条理性的效果。当对方声色俱厉地加以论证时，应找出其最关键的部分，然后反复问一些极明显的事。例如："我想再确认一下……""你只要想到……"故意说一些风马牛不相及的事，最后对方将不得不对所说的话做某些修正，这就是我方的目的。

第二，要对方为语义不清的字句下定义。诸如："做建设性的处理""调整""检讨""促进""跟随""妥善处理"等等。如果对方存在弱点，其攻势便不会再那么凌厉了。

多使用"比如说"，也是摆脱困境的有效方法。即使对方有条有理地高谈阔论，有时只要以下列方式发问，对方就很有可能会崩溃。例如："比如说，有什么例子吗？""比如说，适合什么情况？""比如说，在你的工作中有什么实例？""比如说，你能想出适用的方法吗？"

即使对方的话非常有道理，而且在逻辑上也显得有条不紊，但若他无法回答"比如说……"这样的问题，难免会感到不知所措。

下面举一个例子：

A："说话时增添些幽默感，可使会话更生动、活泼。但幽默的话语如果没有考虑到时间、地点和情况，就无法产生预期的效果。"

B："我知道了。可是，你能不能告诉我，应该如何把握时间、地点和情况呢？比如说，在什么时候、什么地点，以及什么情况下，才可以说较为幽默的话呢？"

A："哦，一般来说……"

当你要求对方"举出例子"时，可以立即回答的人不多。这时，对方显然已处于劣势。因此，你要乘胜追击。

B："你说的我完全了解，不过，如果你无法告诉我具体的使用方法，就等于是纸上谈兵，毫无意义可言。"

（3）说些嘲讽的话

要扰乱对方的阵脚，最好是攻击对方的弱点。但若直接攻击弱点，有时会遭到猛烈的反击，最后甚至被逼得走投无路。因此，如果你采取说些嘲讽的话的攻击方式，有时可给对方造成极大的心理攻击。尤其是自视清高或有些自卑感的人，听到对方的冷嘲热讽，心理上受到的冲击将会更大。

对方若向你追问："你不知道……这个事实吗？"如果你直率地回答"知道"，就等于甘居下风。因此，你必须这么说："如果我说不知道，你也不会相信。因为凡是你知道的事，我绝不可能不知道。"（我所知道的事比你更多！）

如果对方是个自尊心特别强的人，在此情况下，大都会产生退缩的心理。

5. 换位思考，间接说服

人是感情动物。我们主观上讲逻辑、讲道理，但不应该忽视感情这一点。如果你想跟别人建立成功的关系，就要考虑到别人的感情。因此，在说服他人时，应该考虑对方的感情，看他是否乐意，心中有何想法，是否接受请求，这样才能说得人心服口服。

一位女士进一家鞋店买鞋。鞋店的一位男店员态度极好，不厌其烦地替她找合适的尺码，但都找不到。最后他耸了耸肩说：

"看来我找不到适合你的，你一只脚比另一只脚大。"

女士很生气，站起来要走。鞋店经理听到了两人的对话，他请女士留步。男店员看着经理劝那女士再坐下来，没过多久，一双鞋就卖出去了。

女士走后，那店员问经理："你究竟是用什么办法做成这笔生意的？刚才我说的话跟你的意思一样，可她很生气。"

经理解释说："不一样啊，我对她说，她一只脚比另一只脚小。"

同样是把真相告诉那位女士，但经理考虑到她的感情，而且跟她说话时讲究技巧，又比较尊重。他从那位女士的角度看问题，所以成功了。

注重别人的感情，然后以尊重人的态度为别人考虑，这种本领真的十分有用。正如小说家约瑟夫·康拉德说的："给我合适的字眼、合适的口气，我可以把地球推动。"

只有考虑到别人的感情，照顾到别人的情绪，在说服别人时才有机会被接受，不至于被一口回绝。

你需要知道别人的感受，并且在说服时把这点也考虑进去。不这样做就是贸然行动，徒然让别人看轻你。如果不了解别人的感受，又没有从对方处得到足够的信息，你只会暴露对别人了解的不足。一旦你把这些莫须有的看法套在别人身上，别人就会失去对你的信任，他们会因为你不了解他们而觉得受到伤害，有时候在极端的情况下，他们会觉得被玩弄而变得反抗性十足。

你得注意，每个人都有相当多不同的个人经验，而在你能够接近他们或者改变他们的看法之前，这些经验构成了他们对事情的看法。要改变别人的态度，通常意味着要明白他们潜藏在背后的情感，然后提供更好、更有用的其他选择给他们。

考虑一下他们的看法、感觉是什么，还有为什么。他们知道自己的问题在哪里，大概比较起来，你的看法反而没那么重要，这又有部分是因为每个人固有的孩子气且以自我为中心的观点。

如果你想要开始说服别人，你必须这样做：让他们说话，并试着站在他们的立场上。

说服人的方法和技巧很多。如果站在对方的立场上进行说服，效果会更好，以下几种是比较实用和简便的说服方法：

（1）用高尚的动机激励他

通常，每个人都有起码的政治觉悟和做人道德，都向往崇高的道德和正派的作风。所以，在说服他人转变看法的时候，一个有效的办法就是，用高尚的动机来激励他。比如说，这样做将给国家、公司带来什么好处，或将给家庭、子女带来什么好处，或将对自己的威信有什么影响，等等。这往往能够很好地启发他人，让他人做应该做的事。

（2）用热忱的感情感化他

当说服一个人的时候，他最担心的是可能会受到的伤害。因此，在思想上先砌了一道墙。在这种情况下，不管你怎么讲道理，他都听不进去。对付这种心态最有效的办法就是，诚挚的态度、满腔的热情。在说服他的时候，要以感情来感化他，使他发自内心地受到感动，从而改变自己的态度。

（3）通过交换信息促使他改变

实践证明，不同的意见往往是由于掌握的不同信息所造成的。有些人知识欠缺，对一些问题不理解；也有些人习惯于老的做法，对新的做法不了解；还有些人听人误传，对某些事情有误解；等等。在这种情况下，只要能把新的信息传给他们，他们就会觉察到行为不像原来想象的那么美好，进而采纳说服者的新主张。

（4）激发他主动转变

要想让别人心甘情愿地去做某事，最有效的方法，不是谈你所需要的，而是谈他需要的，并教他怎么去得到。所以有人说："撩起对方的急切意愿，能做到这一点的人，世人必与他同在；不能的人，将孤独终生。"

探察别人的观点并且在他心里激发对某项事物迫切需求的愿望，并不是要操纵他，使他做只对你有利而不利于他的某件事，而是要他做对他自己有利，同时又符合你的想法的事。这里要掌握两个关键：一是说服人要设身处地地谈问题，要把别人的事当作对彼此都有利的事来对待；二是在促使他行动的时候，最好让他觉得不是你的主意而是自己的主意。这样他会欢喜，会更加主动和积极。

（5）用间接的方式促使他转变

说服别人时如果直接指出他的错误，他常常会采取守势，并竭力为自己辩护。因此，最好用间接的方式让他了解应改进的地方，从而达到让他转变的目的。间接的方法是多种多样的，如把指责变为关怀、用形象的比喻来加以规劝、避开实质问题讲相关的事、谈别人的或自己的错误来启发他、用建议的方式提出问题等等。这就要靠说服者根据实际情况创造性地加以运用。

（6）注意平时的交往

被说服者是否接受意见，往往和他心目中对说服者的"期望"心理有关。如果说服者威望高，一贯言行可靠，或者平时和自己感情好，觉得可以信赖，就比较愿意接受他的意见；反之，就有一种排斥心理。所以作为说服者，平时要注意多与被说服者交往，和他们建立深厚的感情，这样在说服他们的时候，就能变得有效、轻松。

6. 曲言婉至，步步靠近

在说服别人的过程中，有时要有意避开对方的避忌点，绕道而行，选择从对方感兴趣的话题谈起，不要过早地暴露自己的意图，应按照预定的迂回路线，步步靠近。当跟着你走完一段路程的时候，对方已经不自觉地向你的观点投降了，这也就是曲言婉至的妙处。

伽利略青年时就立下雄心壮志，要在科学上有所成就，他希望得到父亲的支持和帮助。

一天，他对父亲说："父亲，我想问你一件事，是什么促成了你同母亲的婚事？"

"我看上她了。"

伽利略又问："那你有没有娶过别的女人？"

"没有，孩子。老天在上，家里的人要我娶一位富有的太太，可我只对阿玛纳蒂姑娘钟情，我追求她就像一个梦游者，要知道你母亲从前是一位明艳动人的姑娘。"

伽利略说："这倒确实，现在也还看得出来，你不曾娶过别的女人，因为你爱的是她。你知道，我现在也面临着同样的处境。除了科学以外，我不可能选择别的职业。因为我喜爱的正是科学。别的对我毫无用途！难道我要去追求财富、追求荣誉？科学是我唯一的需要，我对它的爱有如对一位美貌女子的倾慕。"

父亲说："像倾慕女子那样，怎么能这样说呢？"

伽利略："一点不错，亲爱的父亲，我已经18岁了。别的学生，哪怕是最穷的学生，都已想到自己的婚事，我可从没想到那上面去。我不曾与人相爱，我想今后也不会。别的人都想寻求一位标致的毕安卡，或是一位俊俏的卢斯娅，而我只愿与科学为伴。当人们对我提及婚姻方面的事情，我就感到羞臊。"

父亲没有说话，仔细听着。

伽利略继续说："我亲爱的父亲，你有才干，但没有力量，而我却能兼而有之！为什么不能设法达到自己的愿望呢？我会成为一个杰出的学者，获得教授身份。我能够以此为生，而且比别人生活得更好。"

父亲说："可我没有钱供你上学。"

"父亲，你听我说！很多穷学生都领取奖学金，这钱是宫廷给的。我为什么不能去领一份奖学金呢？你在佛罗伦萨有那么多朋友，他们对你不错，会尽力帮助你的。也许你能到宫廷去把事办妥。他们只需要问一问公爵的老师奥斯蒂罗·利希就行了。他了解我，知道我的能力。"

父亲被说动了："嗯，你说得有理，那是个好主意。"

伽利略抓住父亲的手，猛力摇动："我求求你，父亲，求你想方设法，尽力而为。我向你表示感激之情的唯一方式，就是……就是保证成为一个伟大的科学家。"

伽利略最终说动了父亲。他实现了自己的理想，成为一位闻名世界的科学家。

委婉法是说话办事时的一种缓冲方法。委婉的话语能使本来也许是困难的交往，变得顺利起来，让听者在比较舒坦的氛围中接收信息。因此，有人称委婉法是论辩中的"软化"艺术。例如巧用语气助词，把"你这样做不好"改成"你这样做不好吧"；也可灵活使用否定词，把"我认为你不对"改成"我不认为你是对的"；还可以用和缓的推托方式，把"我不同意"改成"目前，恐怕很难办到"。这些都能起到软化效果。

具体地说，委婉法有以下几种形式：

（1）讳饰式委婉法

讳饰式委婉法，是用委婉的词语表示不便直说或使人感到难堪的答案的方法。

例如：

一位外籍旅游者在旅华期间自杀了，为了减少话语的刺激性，经再三推敲，有关部门最后在死亡报告书上回避了"自杀"两字，而用了"从高处自行坠落"这一委婉语。在中国北方，老人故世了，以"老了"讳饰，老干部故去了，以"见马克思去了"讳饰，类似意思的有不下几十个讳饰词语。再如，生活中对跛脚老人，改说"您老腿脚不利索"；对耳聋的人，改说"耳背"；对妇女怀孕说"有喜"。总之，在语言交流中讲究讳饰，也就是"矮子面前不说矮"，而不是"哪壶不开提哪壶"。

有时，即使动机是好的，如果语言不加讳饰，也容易招人反感。比如，售票员说："请哪位同志给这位'大肚皮'让个座位。"尽管有人让出了座位，但孕妇却没有坐，"大肚皮"这一称呼使她难堪。如果这句话换成："为了祖国的下一代，请哪位热心人给这位'有喜'的大姐让个座位。"当有人让出座位时，这位孕妇就会感谢售票员，并愉快地坐下。

（2）借用式委婉法

借用式委婉法，是借用某一事物或事物的特征来代替直接回答事物实质问题的方法。

例如：

在纽约国际笔会第四十八届年会上，有人问中国代表陆文夫："陆先生，您对性文学怎么看？"陆文夫说："西方朋友接受一盒礼品时，往往当着别人的面就打开来看。而中国人恰恰相反，一般都要等客人离开以后才打开盒子。"

陆文夫用一个生动的借喻，对一个敏感、棘手的难题，婉转地表明了自己的观点，中西不同的文化差异也体现在文学作品的民族性上。实际上，他的回答是对问题的一种委婉的拒绝，其效果是使问话者不至于尴尬难堪，使交往继续进行。

（3）曲语式委婉法

曲语式委婉法，是用曲折、含蓄的语言和商洽的语气表达自己看法的方法。

例如：

《人到中年》的作者谌容访美。在某大学做讲演时，有人问："听说您至今还不是中共党员，请问您对中国共产党的私人感情如何？"谌容说："你的情报很准确，我确实还不是中国共产党员。但是我的丈夫是个老共产党员，而我同他共同生活了几十年，尚无离婚的迹象，可见……"

谌容先不直言以告，而是以"能与老共产党员的丈夫和睦生活几十年"来间接表达自己与中国共产党的深厚感情。有时，曲语式委婉法比直接表达更有力。这种曲语式的委婉用语，真可谓利舌胜利剑的典型代表。

说服不是告诉对方"你应该如何如何"这么简单，而是让对方信服的一个过程。如果说服如此简单，世界上也就不会存在那么多矛盾了。

7. 顺水推舟，将计就计

所谓顺水推舟，是指按照对方的思维模式因势顺推，或者以对方的核心论点为前提进行演绎推论，得出一个明显错误或荒谬的结论，然后集中火力，发起猛攻，制服论敌。其中"顺"是承接，是"推"的前提；"推"是逆转，是结果。顺水推舟的方法有很多，如因果顺推、选择顺推、归谬顺推。

魏文侯时，西门豹任邺都（在河南安阳）县令。到任后，他见闾里萧条，人丁稀少，便召当地父老到来，询问民间有什么疾苦，弄到这般！人们都说是由河伯娶妇造成的。

原来，漳水自漳岭而来，由沙城而东，经过邺都，是为漳河，河伯就是漳河之神。传闻这个神爱好美女，每年奉献一个夫人给他，可保雨水调匀，年丰岁稔，不然，河神一怒，必致河水泛滥。传说归传说，真正在其中捣鬼的是神巫及一班土豪衙役，他们乘机搜括民间财物，除少许作为河伯娶妇费用外，其他都落入私囊了。老百姓迫于淫威，敢怒而不敢言。每当初春下种的时候，主事神巫及乡绅人等便到处寻访女子。见到有几分姿色的，便说此女可以做河伯夫人了。有父母不愿意的，便多出些钱，叫他们另找别人，没有钱的只能把女孩送上，然后神巫便领这女孩到河边的行宫住下，沐浴更衣，再择一吉日，把女孩打扮一番，放在草垫上，浮在河里，不久便沉下去做河伯夫人了。这样一来，凡有女孩的人家都纷纷迁徙逃避，所以城里的人日渐稀少。

西门豹闻听大怒，又了解到这里常有水灾、旱灾，决心为民除害，造福于民。西门豹对父老说，再到河伯娶妇的时候，请告诉他一声，他将前去观礼。

那一天到了，西门豹饬令全城官、绅、民等参加，加上看热闹的百姓，河边聚满了人，盛况空前。

一位"媒人"乡绅，把主事的大巫拥了过来。原来大巫是一位老女，傲态十足，20多位女弟子紧紧跟随，侍候左右。

西门豹开口问："请把那位河伯夫人带来让本官看看，好不好？"

老巫不说话，示意弟子把河伯夫人带过来。

西门豹审视了一会儿，见河伯夫人不见得怎样漂亮，而且愁容满面。便说："河伯是位显赫的贵神，一定要配绝色的女子，我看这位女子丑陋得很，不配做河伯夫人。现请大巫先去报告河伯，说本官再给他找一位漂亮夫人，改期奉献给他。"

说完便命左右卫士把大巫丢下河去，观看的人大惊失色，西门豹若无其事，静立等候。

过了一会儿，又说："这老巫真不会办事，去了这么久不见回来，还是派一位能干的弟子去吧。"卫士便把为首的一位女弟子抛下河去，不久又陆续派了两位弟子去，一个也没有回头。

"哦，对了，"西门豹还在装糊涂，说："她们都是女流，不会办事的，还是请一位能干的乡绅去吧！"卫士又把乡绅扔进河里，溅起一阵水花后，仍是不见露头。

西门豹整衣正冠，向河里深揖叩头，恭敬等候。过了一会儿，他埋怨道：

"这位乡绅简直是窝囊废，平日只知鱼肉乡里，连这点小事都办不来。也是，只好请年轻的下去了。"他便向那班衙役一指。

衙役们吓得面如土色，齐跪下去，捣蒜一样，叩头求饶。

西门豹说："那就等一会儿吧。"

等了一会儿，自然是一个人也没有回来，西门豹觉得戏该收场了，便感叹一声，说："河水滔滔，去而不返，河伯在哪里？枉杀民女，你们要负起全部责任！姑且给你们一次重新做人的机会，以后再有河伯娶妇的事，就让他作为媒人，前往河伯处报信。"

此后，河伯娶妇的事就没有了。西门豹发动人们，兴建水利，把漳河之水，引入12道水渠去，既减轻了河床负担，不致泛滥，又能灌溉干旱的地方。庄稼丰收，老百姓安居乐业。

西门豹用了顺水推舟法，把巫婆、恶绅和衙役给狠狠治了一顿。他利用的是人们的迷信心理和侥幸心理，一步步深入事情，一步步将事情推向高潮。如果他仅仅利用行政手段，不让老百姓知道事情真相，断断不会那么顺利，也断断不会根除得那么彻底。所以，事实胜于雄辩，更胜于行政命令，此后老百姓就不会再相信河伯娶妇的荒唐事了。这是用顺水推舟法把本来极为复杂、极难措手的事情办得很得心应手，并且取得了成功的事例。

　　后周时，冯瓒奉派往梓州做知府，上任不到几天，得到情报，说后蜀军校官上官进，啸聚了3000多名亡命之徒，准备于晚上三更时分偷袭府城。

　　冯瓒做事沉着，胸有成竹地对将士说："这群乌合之众，武器也不过长矛、大棒，我们可以用重物顶住城门，到天亮时他们自然会溃败的。"

　　城中当时只有300名骑兵，都被派去分守城门，冯瓒则坐镇城楼，亲自督战。他命人打更时故意缩短间隔时间，还在半夜时就打了五更。

　　上官进一帮匪徒听到五更锣声，以为天快亮了，大惊而逃。这时，冯瓒下令出兵追击，捉到上官进，招降了1000多人。

　　这种将计就计，当然是小计谋。它正好利用了对方是外来之人这一点，外来之人心理慌张、惊恐，而又不熟悉本地情况，不会想到这是一种计谋，容易信以为真，受骗上当。

　　在唐朝时还有一个很相似的故事：

段秀实任泾州刺史，时值年馑，盗贼蜂起，人心惶惶。王童之暗中勾结若干吏卒，约定某日五更黎明起事，反叛朝廷。

当晚，段秀实接到密报后，仍镇定自若，好像什么事也没有发生。天黑后，秀实召见打更人，告诉他们，每到起更时，必须先来见他。

秀实就把每一更的打更时间推迟，不到四更天已亮了。乱党大乱阵脚，彼此间又无法联系，不敢轻举妄动，叛乱计划无法实行，秀实随即在城里严密搜查，清出叛乱分子，一网打尽，泾州城的治安很快好转。

将计就计的实质，就在于能够顺应敌意，因势利导，在敌人所设的圈套之外再加上圈套，在敌人所挖的陷阱之外再挖上陷阱，从而让敌人在实施自己的计划时落入我方手中。《纂辑武编》中说："苟（假如）敌人料我，当顺其所料，伏兵待之，以诈示之，俟彼出师，则发伏收之（指用伏兵收拾它）。"

将计就计没有一种固定的表现形式，只是顺应着对方所施的计谋而灵活变通。在实施的过程中，表面装作中了敌人的计策，实际上是为了隐藏好自己的企图。

8. 默默聆听，伺机而动

辩论的目的在于获得真知。在辩论的时候让别人先说，一方面可以表示你的谦逊，使别人感到高兴；另一方面可以借此机会观察对方的语气、神色，给你一个测度的机会。先发制人有好处，后发制人一样有好处。

隋朝时，有个人很聪明，但说话结巴。官高气盛的杨素，常常在闲暇无聊的时候，把这人叫来说说笑笑。

年底的一天，两人面对面地坐着，杨素开玩笑说："有个大坑，深一丈，方圆也是一丈。让你跳进去，你有什么办法出来吗？"

这个人低着头，想了想，问道："有有有有梯子吗？"

杨素说道："当然没有梯子，若有梯子，还用问你吗？"

此人又低着头想了想，问道："是白白白白天，还是黑黑黑夜？"

杨素说道："不要管是白天还是黑夜，你能够出来吗？"

这人说道："若不是黑夜，眼眼眼又不瞎，为什么掉掉掉掉到里面？"

　　杨素不禁大笑。又问道："忽然命你当将军，有一座小城，兵不满一千，只有几天的口粮，城外有几万人围困，若派你到城中，不知你有什么退兵之策？"

　　这个人低着头想了想，问道："有救救救救兵吗？"

　　杨素说道："就因为没有救兵，才问你。"

　　这人又沉吟了一会，抬头对杨素说："我审审审慎地分析了形势，如如如如您说的，不免要要吃败败败仗。"

　　杨素大笑了一阵，又问道："你是很有才能的人，没有事情不懂得。今天我家里有人被蛇咬了脚，你能医治吗？"

　　这个人应声答道："用五月端午南墙下的雪涂涂涂涂就好了。"

　　杨素道："五月哪里能有雪？"

　　这人说："五月既然没没没有雪，那么腊月哪里有有有有蛇？"

　　杨素笑着打发了他。

　　故事中的人尽管是个结巴，但回答问题却很能运用"善倾听，巧反驳"的技法，他不但没有被杨素难倒，还在辩论中处处显出他的智慧。这虽然是一个古代的辩论故事，但类似的事情在现代生活中时常会遇到。

　　没有很好地听，也就不可能很好地说。听与说是统一在辩论过程中的一对矛盾，缺一不可。在辩论中应该如何听、听什么，则属于听的技巧了。

　　悉心聆听对方吐露的每个字，注意他的措辞、选择的表述方式、语气，乃至声调，是获取对方无意间透露的消息的一个重要途径。在认真倾听过后，我们已经可以掌握一些对方的情况，这时候就可以采用相应的对策予以回击。

　　曾经有个小国派使者来到中国，进贡了三个一模一样的金人，皇帝很高兴。可是同时，这个小国还出了一道题目：这三个金人哪个最有价值？

　　皇帝想了许多的办法，请来金匠进行检查，称重量，看做工，可都是一模一样的。怎么办？使者还等着回话呢！最后，有一位老大臣说，他有办法。

　　皇帝将使者请到大殿，老臣胸有成竹地拿着三根稻草，将一根稻草插入第一个金人的耳朵里，这稻草从另一边耳朵出来了。插入第二个金人的稻草从嘴巴里直接掉了出来。而第三个金人，稻草进去后掉进了肚子，什么响动也没有。老臣说：第三个金人最有价值。使者默默无语。答案正确。

　　这个故事告诉我们，最有价值的人，不一定是最能说的人。正如一句谚语所说的："沉默是金，语言是银。"老天给我们两只耳朵一个嘴巴，本来就是让我们多听少说的。善于倾听才是成熟的人最基本的素质。

　　倾听是一种艺术，也是一项技巧，更是一门学问。实际上，有效倾听的技巧是可以通过学习获得的。认识自己的倾听行为将帮助你成为一名高效的倾听者。按照影响倾听效率的行为特征，倾听可以分为四个层次。一个人从第一层次的倾听者成长为第四层次的倾听者的过程，就是其倾听能力、交流效率不断提高的过程。下面是对倾听的四个层次的描述：

第一层次——心不在焉地听。

倾听者心不在焉，几乎没有注意说话人所说的话，心里考虑着其他毫无关联的事情，或只是一味地想着辩驳。这种倾听者感兴趣的不是听，而是说，他们正迫不及待地想要说话。这一层次上的倾听，往往导致人际关系的破裂，是一种极其危险的倾听方式。

第二层次——被动、消极地听。

倾听者被动、消极地听讲话者所说的字词和内容，常常错过了讲话者通过表情、眼神等表达的意思。这种层次上的倾听，常常带来误解和错误的举动，使双方失去真正交流的机会。另外，倾听者经常通过点头来表示自己正在倾听，讲话者会误以为所说的话被完全听懂了。

第三层次——主动、积极地听。

倾听者主动、积极地听对方所说的话，能够专心地注意对方，能够聆听对方的话语内容。这种层次的倾听，常常能够引起对方的注意，但是很难引起对方的共鸣。

第四层次——带有同理心地听。

怀着同理地倾听，不是一般的"听"，而是用心去"听"，这是优秀倾听者的一个典型特征。这种倾听者在讲话者提供的信息中寻找感兴趣的部分，他们认为倾听是获取有用信息的契机。这种倾听者不急于作出判断，而是站在对方的角度试图体悟对方的情感。他们能够设身处地看待事物，总结信息，权衡所听到的话，有意识地注意非语言线索，询问而不是质疑讲话者。他们的宗旨是带着理解和尊重积极且主动地倾听。这种注入感情的倾听方式在形成良好人际关系方面起着极其重要的作用。

事实上，大概有50%的人只能做到第一层次的倾听，30%的人能够做到第二层次的倾听，15%的人能够做到第三层次的倾听，达到第四层次倾听水平的仅仅只有至多5%的人。我们每个人都应该重视倾听，提高自身的倾听技巧，学习做一个优秀的倾听者。

倾听不是被动地接受，而是一种主动行为。当你感觉到对方正在不着边际地说话时，可以用机智的提问把话题引回主题上。倾听者不是机械地"竖起耳朵"，在听的过程中脑子要转，不但要跟上讲话者的故事、思想内涵，还要跟得上对方的情感深度，在适当的时机提问、解释，使得辩论能够步步深入。善于倾听是反驳的前提，反驳是倾听的结果，两者缺一不可，相辅相成。而两者的应用都是为了最终取得辩论的胜利。

第四章
处变不惊的临场应变术

随机应变是辩论中非常重要的一种能力，它反映了辩论中辩论者思维的灵活性。一个出色的辩论者要在藏机露锋、诡谲多变的辩论世界中自由驰骋，就必须具备随机应变能力。这样，才有可能在辩论中立于不败之地。

1. 随机应变，抢得先机

应变的最终目的是使自己永远处于主动地位，驾驭事态发展，以实现既定目标。辩论者对外界情况突然发生的变化必须快速作出反应，巩固自己的防线，摆脱被动的局面。

在辩论中，随机应变的主要功用在于：其一，保持主动地位；其二，变被动为主动。而其最终目的是使自己永远处于主动地位，赢得辩论。

《鹤林玉露·临事之智》中云："大凡临事无大小，皆贵乎智。智者何？随机应变，足以弭患济事者是也。"从一定意义上说，智者之智就在于随机应变，借以弭患济事。然而，智者不是天生的。因此，学习应变之术，掌握应变之道，就显得尤为重要。

随机应变一般是指在形势对己不利时采取的对策。要做到随机应变，既要有一定的知识、能力做后盾，又要有良好的心理素质。一个无知、无才，又没有良好心理素质的人，断然无法做到临危而不惧、处乱而不惊，更不可能随机应变，巧作应付，化险为夷。所谓"天有不测风云，人有旦夕祸福"，世界上的任何事情都不会以个人的意志为转移。这就需要我们居安思危，提高应变之能，以防患于未然。我们必须时时、处处以应变的心态看待社会、人事，要有"如果事情突然发生变化，我们应当怎么办"的心理准备，并机动灵活地运用应变之术，以使自己永远立于不败之地。

随机应变的表现有很多种，其中最基本的是在不同情况下做不同的处理。同样是面对强敌，可以采用游击战以拖垮敌人，可以采用包围战以全歼敌人，可以采用声东击西来迷惑敌人，可以采用伪装撤退来反击敌人，可以采用空城计吓退敌人……同样叫空城计，实施方式仍然是很灵活的。诸葛亮确实无兵可守，而司马懿过于奸猾，不会相信一生谨慎的诸葛亮会冒此大险。叔詹唱空城计，是因为他知道对方不会冒险。

下面说一个最早的唱空城计的故事。

楚国第一美人息妫，是楚文王的宠妇。楚文王死后，弟弟公子元想把息妫搞到手，但碍于叔嫂名分，还不敢登堂入室，强行接收，就想出一个软办法——感化嫂子，以待瓜熟蒂落，水到渠成。就在息妫寝室附近，大筑馆舍，日夜歌舞，唱些"黄色"歌曲，挑拨嫂子的春心。还买通了息妫的近侍，以随时知道嫂嫂的反应。

息妫听到了这种热闹声，就问近侍是哪儿的舞乐。近侍告诉她是令尹（宰相）为她开的舞会，因为公子元深知她的寂寞，想让她开心。

息妫似乎明白了是怎么回事，思索了一会儿，说："我的丈夫生前没有出去打过仗，弄得声望日下，受人闷气。阿叔身为行政首长，应当想法重振国威嘛！"

公子元知道了嫂子的反应，心里乐滋滋的，为了投其所好，便决定外出打个胜仗，耀武扬威一番，好争得嫂嫂的欢心。于是立即遣兵调将，倾国动员，浩浩荡荡杀奔邻邦郑国去。

郑国是一个小国，兵力远不及楚国，忽然有一个强盛的邻国来进犯，简直不知所措。郑文公慌忙召集一班文武大臣前来商议，寻求应急之策。很自然，出现了分歧：有人主张纳款讲和，有人主张固守，等结盟的齐国前来解围，有人主张展开决战。只有叔詹不开口，默默地沉思，被郑文公问到时，他说：

"依老臣愚见，三位的高论之中，我赞同第二种意见。我估计，敌人不久就会撤去的。据我所知，楚国历次出兵，从未出动过这么多军队的。这次，公子元的动机，没有一点政治目的，只是想讨好他的嫂嫂罢了；他只是要求一个小小的胜利，装装门面罢了。"

说话间，情报部门说敌人先行部队已越过市郊，快要打进城来了。叔詹说："老夫自有妙计！"

于是，叔詹负起了防城责任。他下令军队统统埋伏在城内，大开城门，商店照常营业，百姓往来如常，不许惊慌失措。楚军先行部队已经来到。先行官一见这般模样，先是疑惑，继而料定对方必有准备，故意设下这条诡计，骗己方入城去包围歼灭，还是请示主帅吧！便下令本军就地扎营。

不久，公子元率大军来到，先行军述说了城里的情况。公子元很吃惊，立即走到一个高地上察看一番，只见城里到处埋伏着军队，刀剑林立，旗帜整齐，心里纳闷儿，猜不透这葫芦里卖的什么药。

跟着后卫统帅也遣人送来情报，说齐国已联合了宋、鲁两国，遣重兵来解郑国的围了。

公子元大惊，急忙对各将领说："如果齐军堵截我军的退路，那我军就前后受敌，结局是可想而知的。"

然而诸位将领并不明白这次征伐的本意，主张速战速决，先拿下郑国都城再说。公子元自然不会接纳这种意见，他考虑的不是军事价值，更不想冒失利或失败的危险，万一失利，怎么讨得嫂嫂的欢心呢？几天之内就直捣京城，也算是争了面子了，对美人也有交代了，还是三十六计，走为上策。于是暗传号令，人衔枚，马摘铃，连夜拔寨回国，又怕郑军会乘机追击，于是把所有的营寨保持不动，遍插旗帜，以疑惑郑兵。

公子元悄悄溜出郑国边境之后，才让军队鸣锣击鼓，奏起凯歌。这边叔詹到天明遥看楚营，毫无动静，飞鸟盘旋，就知道楚兵已经撤走了。叔詹准确地预见到一切，除了一点，楚兵也用空营计来迷惑郑国。

不久，齐国等国联军果然出现了，见楚军已尽数撤退，便也收兵回国。

于是大家非常佩服叔詹的机智和勇敢。

叔詹由于准确地揣摩到对方只想得到一个不失面子的名声而并不以军事胜利为目的，所以认为不必与他硬拼，只要吓唬他一下，在危险面前他会自动撤离的。所以说，叔詹的应变能力是很强的。

同叔詹一样，长期侍候老佛爷慈禧的李莲英也是个活络人，机变能力很强。请看下面的故事：

慈禧爱看京戏，常施小恩小惠，赏赐艺人一点东西。一次，她看完著名演员杨小楼的戏后，把他召到眼前，指着满桌子的糕点说："这一些赐给你，带回去吧！"

杨小楼叩头谢恩，他不想要糕点，便壮着胆子说："叩谢老佛爷，这些尊贵之物，奴才不敢领，请……另外恩赐点……"

"要什么！"慈禧心情愉快，并未发怒。

杨小楼又叩头说："老佛爷洪福齐天，不知可否赐个'字'给奴才？"

慈禧听后，来了兴致，便让太监捧来笔墨纸砚，举笔一挥，写了一个福字。

站在一旁的小王爷，看了慈禧写的字，悄悄地说："福字是'示'字旁，不是'衣'字旁！"杨小楼一看，这字写错了，若拿回去必遭人议论，不拿回去也不好，慈禧一怒就会要自己的命。要也不是，不要也不是，他一时急得直冒冷汗。

气氛一下子紧张起来。慈禧太后也觉得挺不好意思，既不想让杨小楼拿去错字，又不好意思将写错的字要回来。

旁边的李莲英脑子一动，笑呵呵地说："老佛爷之福，比世上任何人都要多出一'点'呀！"杨小楼一听，脑筋转过弯来，连忙叩首道："老佛爷福多，这万人之上之福，奴才怎么敢领呢！"慈禧正为下不了台而发愁，听他二人这么一说，急忙顺水推舟，笑着说："好吧，隔天再赐你吧！"就这样，李莲英为二人解脱了窘境。

李莲英的机敏在于借题应变，将错就错。这种圆场技术不仅需要智慧，也是与脑子机灵、嘴巴活络分不开的。慈禧常夸"小李子"会办事，看来绝非虚言。

随机应变能力强的人，遇到困境时经常能自圆其说，补救失误；也能反击对方，兵来将挡，水来土掩；还能应对意外，出色地完成任务。可以说，灵活地说话可以展现一个人的才能和智慧，也能增强一个人的魅力，使自己在辩论中处于有利的位置。

《三国演义》第二十一回描写，刘备寄居曹操篱下，为怕引起曹操的猜疑，行"韬晦"之计，在自己的住处后园里种起菜来。不料曹操和他青梅煮酒论英雄，一语道破他"英雄"的真面目，刘备惊慌失措，手中筷子不觉落在地下。恰巧这时老天作美，雷声大作，刘备急中生智，以雷声巧妙掩饰而过。

在这里，随机应变的能力救了他。

《三国演义》中表现随机应变的例子还很多，曹操拔刀行刺董卓，被发觉后借物随机应变，顺势改为献刀；曹操马惊踏农田，灵机一动来了个"割发权代首"等，无不闪烁着随机应变的智慧之光。

应变是闪烁着才能、机智、胆略之光的高超艺术，没有统一的模式可循，没有固定的规律可依。随机的"机"是多种多样的：有天时，有地利，有人物，有事件，有情况，有势态……应变的"变"也是千姿百态的：可以迎难而上，可以另辟蹊径，可以寻求支援，可以等待时机，可以顺水推舟，可以置之不理……究竟如何？运用之妙，存乎一心。这些做法的共同点在于，都需要快速、灵活的反应，都需要急中生智和临场发挥。

应变的能力可以通过后天的锻炼获得，它来自一个人广博的知识、卓越的见识、乐观的个性、非凡的性格、练达的人情世故、超凡脱俗的洞察判断能力，是经过长期的生活和工作锤炼而成的。

此外，保持镇定很重要。很多时候，尴尬场合、尴尬局面的出现，往往就是刹那间的事，或者仅仅就是几句话的事。如果大惊失色，可能就会紧张失措，乱上添乱。但若能在心理上保持平衡和稳定，神色不改、镇静自若地面对出现的问题，就能巧妙、机智地应付尴尬。

2. 抓住心理，巧妙应对

每个人所做的每一件事，都是受一定的心理驱使的。因此，当我们试图说服别人时，一定要学会抓住对方的心理，并利用这种心理引导对方，让对方一步一步地走向我们预设的目的。看准对方心理甚至可以用语言来操控对方的行为。

晚清时期，湖南有个道台叫单舟泉。这人善于观察，办起事来面面俱到，因此，大小官员都很佩服他，朝廷也非常器重他。

有一年，一个在中国旅游的外国人上街买东西，有些小孩子因未见过洋人，便尾随着他。洋人很恼火，拿着棍子打那些孩子。有一个孩子躲闪不及，被打中太阳穴，没多久就死了。

小孩儿的父母当然不肯罢休，就和邻居们一齐上前，要把那个外国人扭送到官府。外国人则举起棍子乱打，连旁边看热闹的人都被打伤几个。

外国人这样做激起了公愤。大家一齐上前，捉住那外国人，用绳子将他捆了起来，送到衙门。

一边是人命关天的大事，一边又是不敢得罪的外国人。衙门中的人都感到棘手，不知道该怎么处理这个案子。

此事确实难办，大家冥思苦想了好长时间，也没有找到合适的解决方法，最后，不得不请单道台亲自出面。单道台有着丰富的办案经验，他一出手，就把这件事给办得利利落落。

一方面，他认为湖南阔人很多，而且民风开放。如果办得不好，他们会起来说话，或者聚众为难外国人，到那时，想处治外国人处治不了，而不处治也办不到。因此，不如先把为难的情形告诉他们，请他们出来帮忙解决难题。另一方面，只要士绅、百姓一起出动，同外国领事硬争，形成僵持局面，外国领事看见老百姓行动起来，就会害怕，因为洋人怕百姓。到这时，再由官府出面，去劝服百姓，叫百姓不要闹。因为百姓怕官，所以他们也会听话。而外国领事见老百姓被劝服，也会感谢官府。

打好主意后，他马上去拜会了几个有权势的乡绅，要他们齐心合力与领事争辩。倘若争赢了，不但能为百姓申冤，而且为国家争了面子。

此事传出，大家都说单道台是一个好官，能维护百姓利益。他又来到领事处，告诉领事，如果案子判轻了，恐怕百姓不服。外国领事听他这么说，又看着外面聚集的人群，果真感到害怕。

此时，单道台又安慰领事说："其实领事也不必太害怕，只要判决适当，我尽力去做百姓的工作，不会让他们胡闹。"

案子判下来了，虽然也是虎头蛇尾，但单道台却三面得到好处：抚台夸他处理得好，会办事；领事心里感激他劝退百姓，没有闹出事来，于是替他讲好话；而百姓们，也一致觉得他是维护大家的，认为他是个好官、清官。

在这个例子中，单道台之所以能够取得成功，就是因为他很好地抓住了人们的心理，并且善于操纵这些心理。他看准乡绅、领事、百姓心里的想法，知道怎样处理可以使各方都受益。于是，单道台不仅解决了这个棘手的案子，而且使各方都心甘情愿地接受了自己的建议。

在说服他人时，有时直接提出自己的要求很难达到目的。因为有些人你越是求他，他越是架子大，到头来反而会使事情特别麻烦、特别难办。这时，就需要小小地运用一下策略，抓住对方的弱点，把你的难题推给他，让他反过来求你办事，当然，最终受益的还是你。

战国时著名的纵横家张仪，早年游说楚国时非常清苦。有些与他一样是谋士的，因忍受不了这种待遇，纷纷决定离开楚国，到其他国家去谋生。

张仪见状劝阻道："大家先不要急，等我先去见见楚怀王，再做定论。"

楚怀王整天迷恋酒色，对身边的两位大美人南后、郑袖更是宠爱有加。

张仪见到楚怀王后，开门见山地说："我在楚国一点作为都没有，因此想到晋国去看看，不知大王可否同意？"

楚怀王连想都没想，直接说："那你走吧。"

张仪又问："不知大王想得到晋国的什么东西？做臣子的愿为大王带回。"

楚怀王不屑地说："楚国什么都有，不需要别国的东西。"

"那美女呢？"张仪走近一步，轻声说。

楚怀王愣住了。张仪见其已经动心，赶忙说："大王是知道的，郑、周两地多有美女，并且像仙女下凡一般，一个比一个漂亮。"

楚怀王本是个好色之徒，这下被击中了要害，立刻精神焕发，忙说："楚国是个偏僻小国，美女自然无法跟中原相比，你如果能带回美女，我自然喜欢。"

于是，楚怀王给了张仪很多金银珠宝作为路费。而张仪，将这些财产全部分发给那些想离开楚国的谋士。

张仪要从中原带回美女的消息不胫而走，不久就传进了南后和郑袖的耳朵里。

几天后，南后派人带着重礼到张仪的府上拜访，侍者说道："南后听说先生要去晋国，特命小人送来黄金一千两，请先生一定收下，权且作为路上的盘缠。"南后的侍者刚走，郑袖也派人来访，并送来了黄金五千两。

张仪心里自然明白，南后、郑袖之所以给自己送如此厚重的大礼，无非是希望他不要从晋国带回美女。

在这个例子中，张仪见楚怀王的真正目的，是要"工资"。

如果直接说，楚怀王可能不会这么痛快，更不会这么大方，并且，即使给了，张仪的面子上也无光。聪明的张仪抓住楚怀王迷恋女色的弱点，绕了个圈，不要钱，而献美女。这就是偏往痛处捅，不怕不上钩。楚怀王一下就动心了，马上给了他大量的金银珠宝。

而南后和郑袖一听张仪要从晋国带回美女，害怕自己失宠，自然着急，于是也赶快派人向张仪行贿。

由此，张仪一箭双雕，成功地击中了对方的弱点，达到了自己的目的。

3. 巧用问句，控制局面

辩论中问得好、问得妙，可以牵住对方的牛鼻子，使其处于被动。巧用问句，能控制局面，取得辩论的主动权。

在《左传》中，记载了这样一个故事：当时，秦国与晋国正在交战，结果秦国大获全胜，还俘虏了晋惠公。秦国答应议和，晋国当即派了阴饴甥前来谈判。

秦国国君说："晋国人意见一致吗？"阴饴甥回答说："哪里会一致呢？小人们以失去自己的君主为耻，为自己的亲属伤亡而痛苦。这些人不怕征税缮甲厉兵的困难而拥立太子为国君，声称宁肯屈事戎、狄之国，也一定要报这秦国之仇。而君子又明白自己的罪过，他们不怕征税缮甲厉兵的困难而等待秦国的命令，说宁死也不生二心，一定会报答秦国的恩德，所以，双方的意见不一致。"

秦国国君继续问道："晋国人认为他们国君的前途会怎么样？"阴饴甥回答说："小人们感到悲观失望，认为他不会被赦免；君子们相信秦国会宽恕晋国，认为国君一定会回国。对此，小人们说：'我们加害过秦国，秦国岂能放国君回来？'君子们说：'我们已经知道自己的罪过了，秦国一定会放国君回来的。'认罪了就放过他，没有什么比这更宽厚的恩德了，也没有比这更威严的刑罚了，他们会感念秦国的恩德。经过这次战争，大家都认为秦国可以做诸侯的盟主了，假如秦国不放我们的国君回来，不让他君位安定，就会把感恩的人变成怨恨的人，秦国不会这样的。"秦国国君听了，说道："这就是我的想法啊！"于是，对晋侯改用诸侯之礼。

在这里，阴饴甥所使用的就是诱导性提问："哪里会一致呢？小人们以失去自己的君主为耻，为自己的亲属伤亡而痛苦……""小人们感到悲观失望，认为他不会被赦免；君子们相信秦国会宽恕晋国，认为国君一定会回国。对此，小人们说：'我们加害过秦国，秦国岂能放国君回来？'"秦国虽答应议和，但对作为战败方的晋国来说，己方的势头远远低于对方。但是，在议和的整个过程中，阴饴甥这位使臣却表现得临危不乱、不卑不亢，并以小人和君子做比喻，既表示"一定报仇"，又表示"一定报德"；一边为君王的前途担心，一边又对秦国寄予了厚望。如此，清楚明白地表现了晋国敢于抗秦的决心，同时，也恰到好处地表现了愿与秦国议和的意愿。

发问是辩论中一种不容忽视的战胜对手的技巧。在辩论的过程中，如果能认真分析对手的观点，找出对手观点中的矛盾之处，针对其致命点发问，即可置对手于死地。

因此，"问"本身就是辩论的一种重要方式。就辩论的实际情况来分析，提问的方式有：

（1）一般性提问

一般性提问，就是一种普通提问，它只是为了获取信息，没有特别含义。比如，"宋先生，您是第一次来杭州吧？""假如发现产品质量有问题，我们该怎么办呢？""索赔时，我们只需要提供一份货物清单就够了吗？"

（2）引导式提问

引导式提问，指提出一个新问题，引出新的谈判内容。比如，"很高兴我们已经就技术方面进行了很好的洽谈，现在我们开始谈谈产品，好吗？"在实际谈判过程中，有些引导式问句具有强烈的暗示性，希望对方可以产生与我们相同的看法，但并不要求对方必须作出直接的回答，比如，"今天您先休息，好吗？我公司副经理张先生今晚6点想邀请您共进晚餐。明天我们再开始洽谈业务。"

（3）迂回性提问

迂回性提问，就是将我们的意见讲明，让对方在此基础上进行回答的提问。因其具有一定的强迫性，所以应特别注意，语调要委婉，措辞要得体。给出至少两种可能性，供对方选择回答。由此可知，这是一种选择性的提问方式。先假定对方的想法、建议、要求等是正确的，再提出一个与之相悖的问题，让其自感理屈。由此可知，这是一种以退为进的提问方式。或许，当我们的某一项谈判要求得不到满足时，也可用迂回性提问，提出一个对对方不利的要求，间接地同对方讨价还价，希望对方能够做一些让步。

（4）借助性提问

借助性提问是以第三者的身份或借助转述第三者的意见而提出的问句。有的是为了委婉地表达，以便于沟通；有的是为了借助权威，以增强说服力。比如，"李先生，听说你对我们的电子产品感兴趣，但我公司经营的电子产品种类很多，你具体对哪种型号感兴趣呢？""专家支持这种方式，不知贵方有何看法？"

（5）探询式提问

探询式提问是在谈判过程中，回答、处理对方所提问题或要求之前，先向对方提出问题，以征求其意见和想法。比如，"我们有各种各样的桌子，不知你对哪种产品感兴趣？"探询式提问有两种提问方式：针对对方的为难之处提问，探求其真实的想法和要求，比如，"那好，你认为什么价格才可行呢？"提出假设要求，借以了解对方虚实，比如，"那么，假如订货数量很大的话，你们可以降多少价？"

（6）澄清性提问

澄清性提问是针对对方的表述、发问等内容，向对方提问，要求其加以解释、说明。比如，"对不起，张先生，你说引进技术，这'技术'是指什么？"针对对方的表述，向对方表明自己的理解，再向对方提问求证。比如，"平安险不包括由于自然灾害引起的单独损害，我这样理解正确吗？"

4. 美化语言，妙口回春

一个精明的辩论者，善于抓住对方的情绪变化或心理变化，快速地调整自己的情绪和语言表达方式，争取主动，使不利的因素因"妙口"而"回春"。

乾隆年间，通州胡长龄考中了头名状元。乾隆看他一表人才，心中暗喜，有意招为驸马，便派主考官王御史探他的口风，谁知胡长龄婉言回绝，言道："家中已有结发之妻。"

乾隆没料到胡长龄会这样做，心想：好一个不识抬举的胡长龄，请你上轿你却不上，我倒要看看你那结发之妻究竟是个什么样的美人，试试她肚子里到底有多少学问。

于是，乾隆便抱着这种想法，下了一道圣旨宣胡氏进京。

这一日，身着青布裙、蓝布衫的胡氏举止大方地进殿朝拜皇帝。

跨殿槛的时候，她轻轻地撩起裙角，口中说道："乡女村妇一条草裙，千万别污了万岁爷的金槛。"乾隆一听心中诧异，想不到此女子竟如此大胆而识礼仪。

他抬眼一看，只见这个状元妻子并不是什么红颜粉黛的绝代佳人。此女相貌平平，皮肤黝黑，身材也没有一般女人的娇小婀娜，而是如农妇一样体格魁伟，特别是那双裙下的脚，与"三寸金莲"相比，确实是奇大无比。

乾隆不禁脱口而言："其足之大，天下无双，男子莫及，所见未见。"

胡氏明白这是皇帝在取笑自己，并无愧颜地从容答道："脚大胜似舳舻履惊涛。"乾隆说："依你所说是脚大好了。那么朕宫中嫔妃，人人是金莲小足，你说如何？"

胡氏不慌不忙地说："足小宛若画舫过浪尖。"

乾隆听出这是胡氏在反讥三寸金莲的弊端，但心里还是十分佩服她的灵敏与口才，于是吩咐茶水招待。胡氏品了一口香茶后，随口吟道："饮啜香茗遥念故乡水。"

见胡氏如此思乡，乾隆为之感动，于是传令为之洗尘。胡氏又说："食俸皇粮当思耕夫辛。"

这一来，乾隆越发地佩服她了，便出了个上联要她对下联："远闻通州出才子。"

胡氏根本就不假思索，张口便答："近观皇宫多佳人。"

乾隆兴起，又出一联："冠授官，官戴冠，官被冠管。"

胡氏沉吟片刻，大声应道："仁教人，人压仁，人受仁欺。"

乾隆听后自知理亏，不但对才思敏捷的胡氏倍加赞赏，同时更赞叹新科状元不负结发妻的可贵品质。他一时兴致勃发，挥笔写下"翰墨竹梅"四个大字，并命工匠刻成匾，赠予状元夫妇，以表敬意。

你看，这位胡氏不就是在不利于自己的情况下美化语言，争取了主动，收到了妙口回春的效用吗？

从一般意义上来看，辩论表现为"舌战"，目的是使对方信服，所以论辩口才培训对辩论语言提出了很高的要求，符合论辩要求的语言才能有效地使对方信服。从语言、思维、语言环境来看，论辩语言有逻辑性、创立性、替代性、描述性等特点，下面分类说明，以对论辩口才进行更有效的培训。

（1）逻辑性

立论中，运用缜密的逻辑思维，构建严密无懈的理论框架，从而使自己的立论坚实、严谨，无任何漏洞可寻，这是使辩论获胜的关键。如"万家乐杯"电视辩论大赛上，北京大学队与国际关系学院队的辩论题目是："我国现阶段是否应该鼓励私人购买新轿车？"这一题目的关键是"轿车""鼓励"和"我国现阶段"三词。如何找准三者之间的逻辑关系，从而形成一条强有力的立论思路，这是能否构建严密攻防体系的关键。作为正方的北大队根据三者的内在逻辑联系推导出了这样的思路：现阶段发展轿车工业是我国工业发展的主导方向之一。由于轿车工业"三高一快"的特点，轿车工业被证明是衡量经济起飞最有力的助推器，轿车的质量和产量也是衡量一个国家发展水平高低的标志。我国也不例外，要想推动工业进步，必须发展轿车工业。其次，轿车工业要发展，关键在市场。扩大轿车市场，最便捷的办法是使轿车"飞入寻常百姓家"。所以，轿车工业同鼓励私人购买就存在着必然的联系。在此基础上，北京大学队充分论证了"鼓励购买"的现实可能性和必要性，且考虑了对方立论中可能会提及的问题（即我国公路交通的拥挤情况，轿车的私人消费是否会是一种奢华的超前消费倾向），对此一一做了周密、合理的论述准备。由于北大队充分运用严密的逻辑思维来确立自己的论证体系，确保了该体系的严整周密，所以他们的立论既立得起，又防得住，收到了较好的效果。

（2）创立性

辩论，说到底是一种知识、智谋的较量，辩论的一方在立论时如能充分运用自己的知识和智谋，在透彻地分析辩题的基础上，突破对方立论防线，巧妙地提出一个全新的概念，削弱对手的攻击力。如1994年长虹杯全国大学生辩论赛南京大学队迎战吉林大学队，吉大队作为正方，其立论是：大学毕业生择业的首要标准是发挥个人专长。南大队作为反方其立论思路很多样，比如可以说"首要的标准是社会需要"，也可说"是收入丰厚""是兴趣"等，但所有这些都可能因为太平常，而落入吉大队事先准备好的猛烈进攻中。你说"社会需要"，他讲"择业是主观行为"，"发挥个人专长"正是更好地满足"社会需要"；你说"收入丰厚"，他说：对方辩友在养育自己的祖国最需要的时候，以一己私利为先，和人民讨价还价，多么让人痛心和失望！如此，南大队将难以招架。最后，南大队透过缜密的思考，提出了一个极度大胆的想法：大学生择业情况复杂多样，没有也不应该有一个统一的首要标准！不考虑实际，就强调这个首要标准是"发挥个人专长"，这无异于在流沙上盖楼。此语一出，举座皆惊。由于南大队的观点从根本上动摇了对方精心设计的立论，吉大队毫无准备，顿时乱了阵脚，致使他们在规范性发言中几乎未对此进行反驳。南大队在以前所未有的创新勇气击破对方立论的同时，又进一步明确了己方的立论：大学生应以个人的自我完善和推动社会进步为择业方向。如此一来，南大队便很快占据了场上的主动，收到了十分明显的效果。

（3）替代性

当碰到一些逻辑上或理论上都比较难辩的题目时，在立论过程中可考虑采用"李代桃僵"的办法，引入新的概念使己方关键性概念隐藏其后，不易受对方攻击。对于艾滋病是医学问题不是社会问题这一辩题，复旦大学首先做了以下设想：如果让他们支持正方观点的话，他们就会引入"社会影响"这一新概念，从而肯定艾滋病有一定的"社会影响"，但不是"社会问题"。这样，对方就很难攻进来。在辩论时，复旦大学队却抽到了反方的签，要阐述艾滋病是社会问题，不是医学问题。在这种情况下，如果完全否认艾滋病是医学问题，太不合常理，因此，他们在辩论中引入了"医学途径"这一概念，强调要用"社会系统工程"的方法解决艾滋病问题，而在这一工程中，"医学途径"则是必要的方法之一。这样一来，他们的周旋余地就更大了，对方得花很大气力在他们提出的概念上，其攻击力就大大地弱化了。"李代桃僵"这一战术的意义就在于，引入一个新概念与对方周旋，确保己方立论中的某些关键概念隐在后面，不直接受到对方的攻击。

（4）描述性

在立论（辩论）中，我们时常会遇到一个无法回避的任务，即给概念下定义。可以说，下定义是明确基本观点、澄清基本立场的主要方法。但要特别注意的是，如果我们在辩 论中热衷于给每一个概念都下明确的定义，很可能因此给对方提供许多意想不到的炮弹，而且，若把辩题和概念交代得太清楚了，辩论中也就没有了余地。比如"温饱"这个概念，如果把它定义为一种状态："在这种状况之下，也可以问：你的'大部分人'的含义是什么？是人口的 60%、70%还是80% ？"对这些问题，如果你继续回答，就又会暴露更多新问题，从而完全陷入被动应对的局面。因此，在解释概念时，既要说清一些内容，又必须隐瞒一些内容，即采用描述的方法来搪塞。所谓"描述"，也就是不揭示概念的本质含义，只是从现象上对概念进行描述，甚至是同义反复的描述。如对"什么是温饱"的问题，复旦大学队是这样回答的："温饱，就是饱食暖义。"这个回答实际上是同义反复，没有提供任何新的东西，但它给人的感觉是，他们已圆满地阐释了这个概念，而对方又抓不住任何把柄实施攻击。这样，在后面的辩论过程中，当复旦大学队对"温饱"这一概念作出新的补充和说明时，他们就显得比较灵活、自由，不至于被对方抓住什么弱点。

总的来说，在辩论中要注意恰当使用描述和定义的方法，两者不可偏废。但要尽量多用描述，从而达到既讲清某些内容，又隐藏另一些内容的办法，使对方不能迅速地作出判断并抓住己方观点中根本性的东西来攻击。

辩论中的立论灵活多变，在这一过程中可以运用的战术也是灵活多样的，上面列举的只不过是实践中几种最重要也最常用的战术，还有很多好的战术需要我们在实践中去不断地积累、总结，这样才能保证我们在辩论赛中取得较好的成绩。

5. 步步追问，击中要害

在说服别人时，有些话是不能直接说的，说了会得罪对方，影响你们之间的关系。倘若对方是你的顶头上司，一句话不对，往往会影响到你的薪水和升迁。在这种情况下，不妨采用步步追问的方式，将对方的思路慢慢地引向自己的目的。当然，在引导的过程中，一定要缓急有序，不可操之过急，以免让对方应接不暇，从而产生厌烦情绪。并且，铺垫问题也一定要设置得合理，通过这些问题，一步步地引导对方，并最终击中要害。

　　齐宣王治国无方，孟子对其进行了批评。在批评时，孟子运用的就是步步追问的方式，使得齐宣王最终明白了孟子的意图。

　　孟子问道："如果您因为有事要到楚国去，就把自己的妻子儿女托付给一位朋友照看。但是，等您回来时，却发现自己的妻子儿女都在挨饿受冻。那么，对这样的朋友，您觉得应该怎样对待？"

　　齐宣王毫不犹豫地答道："我会立刻跟他绝交。"

　　孟子又问道："如果管刑法的长官却管理不好自己的下属，对于这样的人，您觉得应该怎样处置？"

　　齐宣王答道："我会撤掉他。"

　　孟子再次问道："那么，如果在一个国家中，政治十分混乱，您觉得应该怎么办？"

　　齐宣王终于无言以对，只好顾左右而言他了。

　　在这个例子中，孟子采取了假言设问和步步追问相结合的提问方式，诱导齐宣王作出答复。对前两个问题，因为与己无关，齐宣王回答得非常干脆、非常肯定。然而，当孟子提出最后一个问题，也就是关键问题时，齐宣王却无言以对了。

如果没有第一个和第二个问题做铺垫，而直接提出第三个问题，势必会引起齐宣王的不满，甚至他可能会因此治孟子的罪。孟子正是考虑到了这一点，所以才采用这种方式，通过一步步的追问，使齐宣王最终明白了自己的真正目的。

并且，在这个过程中，孟子也使齐宣王明白了一些治国之道（处罚那些不讲信用的小人，整治玩忽职守的官吏），从而使齐宣王在反思过程中体会到自己的良苦用心，从而接受自己的建议。

在生活中，步步追问的说服方法其实经常被人们用到。

比如，父母在教育孩子时，为了将孩子引向自己想要达到的目的，就会使用这种方式。下例中，妈妈在说服自己的孩子洗澡时，就巧妙地运用了这种方式。

妈妈把水倒进了澡盆里，而孩子仍在一边玩着小木船，不肯进澡盆。这时，聪明的妈妈拿起他的小木船，问道："小木船应该在哪里运行呀？"

孩子答道："水里。"

"好，那咱们把它放进水里好不好？"

孩子非常乐意，自己跳进了水里。

妈妈的问题可谓是巧妙的，简单的问答就让孩子心甘情愿地进了澡盆。

不过，一定要注意，迂回前进曲言婉至时，千万不要操之过急，不要把追问变成逼问，否则会激起对方的反感情绪，这对自己是非常不利的。相反，如果追问运用得当，巧设问题，并且善于察言观色，根据对方的表情和心情巧妙提问，就会收到令人满意的效果。

当然，这种方法不是对任何人都管用的。使用时一定要分对象，并且要选择合适的时间和地点，比如，在对方心情好时，或者是对方兴致高时。

某些时候，有的要求不能够提得太直接，应该搭桥铺路，一步一步地引导对方，使他在不知不觉中接受你的要求，或者利用事先做好的准备，让别人一点一点地理解，从而实现自己的目的。

如果你的说服对象是爱人，或者是朋友之类值得信赖的人，这种方法就会很容易奏效。并且，在这一过程中，对方的自尊心也会得到极大的满足。如此一来，双方都会得到好处。

有一位聪明的妻子，就是运用搭桥铺路的方法，成功地说服了自己的丈夫，使他心甘情愿地为自己买新衣服。

妻子：哎，学校很快就要举行开学典礼了，可是孩子却没有一件像样的衣服，是不是应该到百货公司去买一些？

丈夫：就由你决定好了，反正孩子的衣服不会很贵。

妻子：你误会我的意思了，我说的不仅是孩子的衣服问题。

丈夫：哦，那还有什么？不就是买参加典礼的衣服吗？要多少钱你自己决定好了。

妻子：我知道了，这星期天我们一起去逛百货公司吧！孩子的入学仪式我也必须参加，你说我穿什么衣服好呢？

丈夫：穿什么衣服你自己决定就好了。

妻子：还是你帮我看看吧，看哪件衣服比较合适。

丈夫虽不大愿意，仍随着妻子来到了衣橱边。

妻子：哪一件好看呢？虽然衣服不少，但好像都过时了，你不觉得这些衣服的样式都太老气了吗？

丈夫：是吗？我怎么不觉得。

妻子：你看，这件虽然是去年才买的，而且颜色、式样都不错，但现在已没人穿这种衣服了。再说这一件吧，这是去年秋天买的，但现在已经不流行这种款式了！

丈夫：嗯，听你这么一说，好像是有点过时了。

妻子：那么，你说我再买一件好吗？再买一件……

丈夫：真拿你没办法，你自己决定好了。

妻子：其实你也该打扮打扮了，这次我帮你买件新衬衫吧！

在这个故事中，妻子以要参加孩子的开学典礼为由，借给孩子买新衣服之机，说服丈夫替自己买新衣服。妻子之所以能够取得成功，是因为她精心设计了一个小圈套，并成功地引诱自己的丈夫跳了进去。

我们姑且不论上边的例子中这位妻子的个性如何，单就掌握丈夫心理状况而言，她的技巧可谓高明。正因为她懂得如何抓住丈夫的心理，所以才能说服丈夫为自己买件新衣服。

6. 答非所问，转移话题

"问"有艺术，"答"也有技巧。问得不当，不利于辩论；答得不好，同样也会使己方陷入被动。在辩论中，回答问题不是一件容易的事。因为，辩论者不但要根据对方的提问来回答，还要把问题尽可能地讲清楚。而且，辩论者对自己回答的每句话都负有责任，因为对方可能把回答理所当然地当成一种承诺。这就给回答问题的人带来一定的压力。所以，一个辩论者水平的高低很大程度上取决于他回答问题的水平。

戴玉强被誉为"世界第四大男高音"，多年的歌剧演出使他变得气宇非凡，无论他出现在哪里，人们的目光都不由自主地落在他身上。有一次，某位记者很崇拜地问他："戴老师，您为什么比别的明星有大腕范儿呢？"戴玉强幽默地说："因为我比别人长得要高大一些。"

另一位记者也很狡猾地问了他一个问题："戴老师你觉得你什么时候最风光？"戴玉强机智地回答道："我最风光

的时候就是我每次演出完谢幕的那几分钟，因为那时我总能听到观众给我以暴风雨般热烈的掌声。"

还有一次，戴玉强被请到蔡国庆主持的《非常说名》去做专访。在问答环节，有一位现场的学生问："戴老师，你现在取得了巨大成功，在成功面前有没有自我膨胀？"

戴玉强迟疑了片刻，笑着站起来拍拍肚子说："从我肚子上看看有没有膨胀？"

蔡国庆说："他心宽体胖！"

戴玉强风趣地说："我不是神，我是人，我是一个普通人，肯定会自我膨胀的。不过我一定会努力，把膨胀的肚子塞满，变成实实在在的胖。"现场顿时一阵掌声。

众所周知，大腕的大和高大的大显然不是同一个意思，但它又确实是同一个字。这就给了戴玉强可乘之机，以身材的高大回应别人的夸奖，看似风马牛不相及，但正显示了他低调的态度和处世风格，让人心生敬佩。

转移话题就是针对对方说话的主题，看似漫不经心，实则有备而来。避实就虚，避重就轻，或者说干脆从侧面入手另起炉灶，寻找适当的突破口。明明对方问的是这件事，我们却可以从看似与之无关的另一件事说起；本来对方希望我们表达这种意思，我们回答的却是另一件事，是一种歪打正着式化解危机的技巧。

在辩论过程中，经常会有一些恶意或非恶意地打断演讲的突发状况。面对这种状况，我们可以利用言语交际中的"反弹术"来回应。

所谓反弹术，是一种说话技巧，即由于某种原因，不便、不能或不愿直接地回答对方提出的问题，于是采用以问作答的形式将问题反弹给对方。这种答话技巧其实是将对方的难题再还给对方，使自己由被动变为主动。通常它可以令对方处于尴尬的境地，使对方自作自受，产生"圣人所非与熙也，寡人反取病焉"的感想。

（1）当别人打探你的隐私时该怎样说

隐私本是一个人内心深处不愿被别人知道的秘密，但是在人际交往中，有些人总是会有意或无意地触及别人的隐私。不管问的人动机如何，一旦被问的人回答不好，很有可能产生一些不良的后果。

当你被问及隐私时该怎样回答呢？下面的几种方法不妨一试。

①直言相告

有时候，对方打听你的隐私时，你可以开门见山，指出对方问话的不当，直接表达自己的不满。

②似是而非

似是而非的回答往往让那些爱探听隐私的人无功而返，它的奇妙之处就在于，听上去你像是在回答对方的问题，但其实并不是对方想要的答案。

③绕圈子

不给出一个明确的答案，只是原地绕圈，迷惑提问者。例如，对方要是问"你体重多少"，你可以回答"比去年轻了一点"。

④否定问题

著名演员、孙悟空的扮演者六小龄童，在一次记者招待会上被记者提问："当初谈恋爱，你和于虹谁追的谁？"六小龄童回答："到底谁追谁，有什么重要？我们都没有想过要'追'对方，因为不是在赛跑，一个在前一个在后，我们是夜色中的两颗星星，彼此对望了几个世纪，向对方眨着眼睛，传递着情意。终于有一天，天旋地转，我们就像磁石的两极碰到一起，吸在一起了。"

六小龄童根本就没有回答对方的问题，一开始就否定了对方问题的前提，即认为两人谈恋爱不一定是一方主动追另一方，随后便对两人的爱情做了一个浪漫、精彩的比喻。这样既回答了记者的提问，又没有透露自己的隐私。生活中，有人打听隐私的时候，这不失为一个好办法，开头就否定对方的问题，自然也就不用按照他的提问来回答了。

（2）当别人提出不便当众回答的问题时该怎样说

当众回答某些难以回答的问题确实要顶着巨大的心理压力。因为严词拒绝将有失风度，但照实回答也是不可以的。面对这种难以选择的境地，可以通过下述方法顺利解决。

①反踢皮球，把难题还给对方

有时，提问者的问题一两句话是难以回答清楚的。如果顺着这个思路去回答，势必陷入尴尬的境地。这时，可以巧妙地转移话题，把难题转移到对方那里去，自己就占据了主动地位。

②暂退一步，换位思考

当不便回答的问题被提出时，往往双方都会觉得对方的言行不合适。这时，如果采取退一步思考问题的策略，把角色"互换"一下，就能够很顺利地继续交谈下去。

（3）面对无理要求时如何说

面对无理要求时，盲目答应当然不行，但是一概严厉拒绝，也非最佳的解决问题之道。下面两种解决方式可以使你既能拒绝对方，又能不惹恼他，是处理这种难题的首选。

①略地攻心，让对方主动放弃

对于比较感性的提问者，用理性的分析难以打消他们提问的热情时，可以用攻心的策略，先用一句恭维的话，在感情上让他产生共鸣，拒人于无形之中。

②用"类比"反驳对方

有时听众提出的问题可能合情合理，但是演讲者却没有办法解释。碰到这种情况，可以寻找相似的例子，通过相似例子的解决方法来说服听众。

（4）面对过分的玩笑你该如何应对

玩笑开得过分时，气氛往往会变得比较尴尬或紧张，这种情况下，很多人还是希望能保持住自己说话的风度。那么，该如何应对这种过分的玩笑呢？你可以选择下面的方法作为参考，以便顺利走出困局。

①借题发挥

　　某业余大学中文班开学第一天开了个座谈会。首先，学员们一个个做自我介绍。当轮到来自农村的牛力时，他刚说了句："我姓牛，来自乡下……"不知谁小声说了句："瞧，乡下小牛进城喝咖啡了！"一下子，许多人都笑起来了。牛力先是一愣，但很快就镇定下来，说道："是的，我是来自乡下的小牛。不过，我进城是来'啃'知识的，以便回乡下耕耘。我'吃的是草，挤出来的是奶和血'。我愿永远做家乡的'孺子牛'！"

　　话音刚落，大家热烈地鼓起了掌，为牛力精彩的讲话而喝彩。

　　牛力用自己的机敏，顺着那位同学过分的玩笑话，引用鲁迅的名言。不但摆脱了尴尬的场面，而且表明了自己做人的准则，为自己赢得了喝彩。

　　当有人和你开带有一定侮辱性质的玩笑，但又不是恶意刁难时，如果你能顺着对方的话再借题发挥一番，把他的话反过来变成你夸奖自己的话，可谓是一种最机智的选择。

　　这样既能避免自己的难堪，又不至于把关系弄僵。

②诱敌上钩

当有人纯属恶意地开你的玩笑时，你当然需要毫不客气地回敬，诱敌上钩就是其中的一种方法。你要不紧不慢地诱惑对方进入你语言的圈套，在适当的时候，反戈一击，让对方自取其辱。

③反唇相讥

生活中一些尴尬的局面，完全是由于别人不怀好意的玩笑引起，如果你隐忍、退让，只会被人看扁；如果针锋相对，又会把事情搞僵。这时不妨采用反唇相讥的办法，把对方开自己玩笑的话用到他身上去，从而为自己争取主动。

（5）圆场的话该怎样说

在剑拔弩张的情况下，怎样说话才能让气氛缓和下来，这确实是个难题。我们不妨学习以下几个技巧，使圆场的话变得不再难说。

①化分歧为两面，让双方都满意

有时候，争执双方的观点明显不一致，也不能"和稀泥"。这时，如果你能把双方的分歧点分解为事物的两个方面，让分歧在各自的方面都显得正确，不失为一个较好的办法。

②善意谎言，营造轻松氛围

在交际中，有些人不合时宜地开玩笑，撞在别人的枪口上，免不了尴尬。为了缓和这种局面，我们可以善意地撒点小谎，为对方的玩笑话添加特定的背景资料，将玩笑从有利于气氛缓和的角度进行解释。最好加上一点幽默的调料或者与当时的场景相结合，为大家营造出轻松的氛围，从而将话题引开。

③旁逸斜出，顺着对方的心意

当双方因为其中一方做错了事而情绪紧张时，把事情往好的
方向解释，顺着对方的心意，往往就能化解紧张的气氛。

7. 蛇打七寸，进攻有力

在辩论中要善于抓住论敌的要害和弱点，打蛇要打七寸。抓
住了对手的要害和弱点，就要一攻到底：分析其实质，揭示其虚
假，批驳其错误，置论敌于死地。

朱博本是汉代的一介武将，后来调任左冯翊。他利用一
些巧妙的手段，制服了地方上的恶势力，被人们传为美谈。

尚方禁出生在长陵一带的大户人家，年轻时无恶不作，
一次在强奸别人妻子时，被人用刀砍伤了面颊。如此恶棍，
本应重重惩治，只因他大大地贿赂了官府的功曹，而没有被
革职查办，最后还被调升为守尉。

朱博上任后，有人向他告发了此事。朱博觉得太没有天
理了！就召尚方禁来官府。尚方禁心中七上八下，硬着头皮
来见朱博。朱博仔细看尚方禁的脸，果然发现有划痕。就令
左右退下，假装十分关心地询问究竟。

尚方禁做贼心虚，知道朱博已经了解过他的情况，就像小鸡啄米似的接连给朱博叩头，如实地讲了事情的经过。头也不敢抬，只是一个劲地哀求道："请大人恕罪，小人今后再也不干那种伤天害理的事了。"

"哈哈哈……"朱博突然大笑道，"男子汉大丈夫，本就难免发生这种事情。本官想为你雪耻，给你个立功的机会。"

于是，朱博命令尚方禁不得向任何人泄露今天的谈话情况，要他有机会就记录一些其他官员的言论，及时向自己报告。尚方禁已经俨然成了朱博的亲信、耳目了。

自从被朱博宽释重用之后，尚方禁对朱博的大恩大德时刻铭记在心，所以，做起事来特别卖命，不久，就破获了许多起盗窃、强奸等案件，工作十分见成效，使地方治安情况大为改观。朱博遂提升他为连守县县令。

又过了很长一段时间，朱博突然召见那个当年受了尚方禁贿赂的功曹，单独对他进行了严厉的训斥，并拿出纸和笔，让他把自己受贿的事情一一写下来，不能有丝毫隐瞒。

那位功曹早已吓得筛糠一般，只好提起笔，写下自己的斑斑劣迹。

由于朱博早已从尚方禁那里知道了这位功曹贪污受贿的事，看了功曹写的交代材料，觉得大致不差，就对他说："你先回去好好反省反省，听候裁决。从今往后，你一定要改过自新，不许再胡作非为！"说完就拔出刀来。

功曹见朱博要拔刀，吓得两腿一软，又是打躬又是作揖，嘴里不住地喊："大人饶命！大人饶命！"朱博将刀晃了一下，一把抓起那位功曹写的罪状，三两下将其碎成纸屑，扔了。

自此，那位功曹终日如履薄冰、战战兢兢，工作起来尽心尽责，不敢有丝毫懈怠。

抓刀要抓刀柄，制人要拿把柄。与对手论辩，关键是要找到对手的弱点，然后抓住弱点，强烈猛攻，对手必定难以抵挡，俯首称臣。

人人都想掩盖自己的弱点和短处，更有些心智狡猾的人城府很深，很难让人抓住把柄。可是"魔高一尺，道高一丈"，再狡猾的狐狸也会露出尾巴。

一个富婆包养一年轻男子多年。男子不堪忍受这种金钱与肉体的交易，与另一女子开始了恋爱。富婆由妒生恨，设计陷害这位年轻人。一天晚上，她邀请年轻人前往别墅欲行床第之欢。年轻人不答应她的要求，富婆便将他以强奸之名告上法庭。法官问："被告，你强奸她没有？"年轻人回答说："强奸了。"法官又问："强奸几次？"此时，年轻人装作虔诚的样子，回答说："只此一次，望法官念我初犯，从轻处罚。"此语一出，富婆在旁听席大喊："我俩同居多

年，他强奸我足有几百次了！"结果，富婆不打自招，年轻
人被判无罪，也由此摆脱了富婆的纠缠，与自己喜爱的女孩
喜结连理。

有些时候，找到事情的突破口，对成事有很大的帮助。

任何一个谈判者，不仅应该清醒地意识到在谈判中自己究
竟要得到什么，而且还要明确自己究竟能够给对方什么。由于谈
判是彼此利益、需要的交换。自己的要求自己最清楚，而对方的
要求则难以把握。因此，就一场谈判来讲，最重要的或许就是发
现对手的需要，有的时候甚至是要以有意识的行动创造对手的
需要。

在谈判中要能随机应变，抓住对方的弱点给予打击，有类同
点穴手段的奇妙效果。有些弱点是事先已经被我方掌握的，而有
些弱点则是在过招之中对方暴露出来的，对于弱点，我方要随时
保持关注。两雄争辩，是双方理与气的较量，理是气的内核，气
是理的锋芒，理直就气壮，理曲则气馁；但在一定条件下，气盛
也能使理壮三分。出色的谈判家常常着意寻找对手的有关弱点，
狠狠一击，有如釜底抽薪，使对方锐气顷刻消释，束手就擒。所
谓有关的弱点，是指对手论点上的错误、论据上的缺失、论证上
的偏颇或其本身性格、行为、感情上的各种局限。诸葛亮舌战群
儒的故事，是对如何抓住弱点打击对方的最好示范。

初到江东的诸葛亮，作为弱国的使者，而且独自一人，

看上去给人势单力孤的感觉。那些欺软怕硬的谋士，倚仗着人多势众，在自己的地盘，个个盛气凌人。诸葛亮决心先打击一下他们的气焰，所以他一出手，制人要害。像张昭这样的江东首席谋士，任他如此嚣张，也不过勉强与诸葛亮周旋了三个回合。他突出的弱点就是主张降曹，投降是既无能又无耻的表现。诸葛亮看准这一点，在历数刘备一方怎样仁义爱民、艰苦抗击曹操之后，话锋一转："盖国家大计，社稷安危，是有主谋。非比夸辩之徒，虚誉欺人，坐议立谈，无人可及；临机应变，百无一能。诚为天下笑耳！"一下子点到了张昭的痛处，使他哑口无言。

接下来的虞翻、步骘、薛综、陆绩、严畯、程德枢之流，都不是诸葛亮的对手。薛综与陆绩想贬低刘备，抬高了曹操的身份，这就犯了当时士大夫阶层中的舆论大忌。诸葛亮敏锐地抓住这点，斥责他们一个是"无父无君"，一个是"小儿之见"，说得两个人"满面羞惭"，先后"语塞"。严畯与程德枢完全是迂腐儒生，一个问诸葛亮"治何经典"，一个说诸葛亮"适为儒者所笑"，诸葛亮尖锐地指出："寻章摘句，世之腐儒也，何能兴邦立事？""小人之德……笔下虽有千言，胸中实无一策。"甚至屈身变节，更为可悲。准确有力地击中对方的弱点，使对方垂头丧气，理屈词穷。

在一场唇枪舌剑中，对手总有说漏嘴的时候，这正是穷追猛打的好机会。这种办法用以对付傲气十足的对手较易奏效，因为对方一出丑便像斗败的公鸡一样，垂头丧气，沮丧不已。因此，一旦抓住他们的弱点，骄傲者比谦虚的人更容易打败。

第五章
嬉笑嘲讽的幽默技法

在辩论场上与对手辩论时，或者在生活中与人发生争执时，幽默常常可以让人立于不败之地，并且能够化争执为会心一笑。幽默辩论与通常意义上的辩论不同，它既无逻辑严密的辩论过程，也没有明确的反驳模式，但它却能以饶有趣味的方式，暗示事物的本质，达到明辨是非的目的，因此，它同样带有真实性，具有威慑力。幽默辩论有着强大的力量，常常能发挥通常意义上的证明与反驳所无法达到的作用。

1. 适当幽默，增添灵气

幽默给辩手们增添了灵气，智慧的火花不断在他们的辩词中闪耀。如果说，辩论是双方拼死相争的一座奇绝险峰，那么，幽默就是雄辩用来占领峰巅的一枝飘逸秀美的奇葩。它使雄辩充满诗意的力度。

在一次题为"走向2000年电视辩论赛"的角逐中，辩论者在辩论中几乎妙语如泉涌，例如："公共汽车一进站，不论男女老少，个个是气运丹田，左右开弓，南拳北脚，各显神通。""过去，老式缝纫机一架，傻笨自行车一辆，再加上个能听'样板戏'的匣子，足以令普通中国人心醉得想跳曲'忠字舞'。"

风趣幽默在辩论中不仅不会弱化谈锋，而且能增强语言的穿透性，使它更准确、明了，具有一定深度，给听众"四两拨千斤"的感觉。

通常认为，口头辩论具有"三要素"：语言的简洁性、时间的紧促性、反应的灵敏性。而它们都与幽默分不开。

幽默不仅能调节辩论的气氛，减少紧张与压力，增强你出语的精约度与机敏度，而且能径直揭示问题的实质，置对手于被动的地位。破绽最畏惧幽默。

新奇诡辩，招招都灵。

"诡辩法"，就是故意用似是而非的歪理来为明显错误的事情或论点狡辩，目的是混淆是非或炫耀机智取乐。

> 父亲：你竟敢背着我抽烟，我非打死你不可！
>
> 儿子：爸爸，您别生气，我向您保证，以后抽烟一定当着您的面。

在上例中，儿子用的就是混淆概念的诡辩方法。父亲反对的是儿子抽烟。儿子故意将父亲批评时谈到的抽烟场合、方式搅在一起，造成一种假象，似乎父亲反对的不是抽烟本身，而是抽烟的场合和方式。这也可算得上是新奇的诡辩了。

"诡辩法"在操作实践中并不是只有单一打法，而是十八般兵刃长短结合、综合使用。有的情况下是想靠歪理取胜，有些时候则不过是想展示强词夺理、胡搅蛮缠的丑态而取乐。

柏杨先生的《丑陋的中国人》一书的《代序》中有一段医生和病人的对话：

> 病人：我下个月就要结婚了，大摆筵席，你可要大驾光临，做我的上宾。我的病化验结果如何？
>
> 医生：对不起，我恐怕要报告你一个坏消息，化验的结果装在这里，恐怕是三期肺病，第一个是咳嗽……
>
> 病人：怪了，你说我咳嗽，你刚才还不是咳嗽，为什么不是肺病？

医生：我的肺病与你的不一样。

病人：有什么不一样？你有钱、有学问，上过大学堂，喝过密西西比河的水，血统高人一等，是不是？

医生：不能这样说，还有半夜发烧……

病人：不能这样说，要怎么说才会称你的心、如你的意？半夜发烧，我家那个电扇，用到半夜能把手烫出泡，难道它也得了三期肺病！

医生（委屈解释）：吐血也是症状之一。

病人：我家隔壁有个牙医，去看牙的人都被他搞得吐血，难道他们也都得了三期肺病！

医生：那当然不是，而是综合起来……

病人：好吧！退一万步说，即使是肺病又是三期肺病，又有什么关系？值得你大呼小叫！外国人还不照样得肺病！为什么单指着鼻子说我？我下个月结婚，谁不知道，难道你不能说些鼓励的话，为什么要打击我？我跟你有什么怨？有什么仇？你要拆散我们？

　　此节选的对话，具有极强的幽默效果，诡辩者的蛮不讲理又振振有词的架势，令人啼笑皆非。但诡辩幽默的效果还不止于此，这种典型的诡辩表演，寓意又是极能发人深思的。

2. 机辩善辩，弦外有音

"弦外有音"往往是"醉翁之意不在酒"。借题发挥的幽默也是言在此而意在彼，看似在嘲笑自己，其实正在反击别人，是一种颇具弦外之音的说话艺术。

不少情况下，无论是面对辩论的对手还是平常的交谈，许多话往往是不能够用直接的方式去说的，须以曲线的婉转方式去说。借题发挥的幽默就是婉转表达自己意图的一种艺术。

可以这样来解释这个标题。机辩不等于或者不完全等同于善辩，所以，"机辩善辩的幽默"最少包含两个层次的意思。机辩，字面的意思就是充满机智的辩解，或者辩解是充满机智的。善辩，就是以一个说话者来说，他有善于辩论的专长。机辩与善辩的关系是这样的：机辩的不一定是善辩的，善辩的一定包含机辩。因为，有时一个人能够"机变"往往证明他有敏捷的思维，但他不一定能够像"善辩"者那样做得面面俱到。

清朝时期，有一个年轻人，平时不学无术，胸无点墨，却热衷科举考试，想得个一官半职。谁知到考场上，他打开试卷一看，竟有一多半字不认识，只好胡乱地答了一番。然后坐在那苦思冥想，如何才能让考官录取自己。焦急中，他想出了一个好办法，在卷末标明了"我乃当朝宰相的亲妻"，想让考官大人看在宰相的面子上录取他。

　　这年的主考官为人耿直，看了年轻人那狗屁不通的回答后，便气恼地将试卷随手放在一旁。突然，他发现卷末的一行文字，不禁又生气又好笑。原来，年轻人连"戚"字也不会写，竟然将其写成了"妻"。于是，主考官提起笔在卷旁批道："所以，我断不敢娶（取）！"

　　考生将"亲戚"写成了"亲妻"，主考官干脆将错就错，来个错批——"我断不敢娶"。表面意思是你是当朝宰相的妻子，我是不敢娶的；实际上想用的是"娶"的谐音字"取"。主考官是想告诉考生，你这样的考生我是不会录取的。主考官如此巧妙地表现出了幽默效果，让人读后有一种妙不可言的感觉。

　　在公众场合，如果遇到的是一个蛮不讲理的主儿，他跟你胡搅蛮缠，没完没了，让你无语，顿失颜面时，你也可以用以谬制谬的幽默来对付他。只要我们将对方的谬论加以利用，跟对方一起荒谬到底，我们就可以在语言的交锋中略胜一筹。

　　有一位大学教授，秃顶，能言善辩。某次，他参加一个晚宴，席间，有位同事故意讥笑他的秃头，对方不怀好意地摸着他的头顶，然后说："你头顶摸上去就像我老婆的臀部一样光滑！"

　　这番话引来一阵哄笑。不过，大学教授并没有恼怒，他故作疑惑地看了那人一眼，然后用手摸摸自己的头顶，说道："确实如此，摸上去真的很像你老婆的臀部！"

　　面对对方的无理嘲讽，大学教授没有默不作声，没有进行任何辩解，更没有恶言相向，而是针对对方的攻击，以谬还谬、借力打力，顺着对方的意思往下说，一下子就反败为胜，甚至还讨了个大大的便宜，让对方吃了个哑巴亏。

有一位吝啬、刻薄的富翁，在他的别墅里，养了两条狗。

一天，富翁请了一位画家到家里来为狗画一幅画。他要求画家以他美丽的花园为背景，描绘出狗狗们活蹦乱跳的各种神态。于是，画家花了五天时间，在他家的花园里观察这两只狗玩耍的动作。画好了之后，画家将自己的杰作拿给富翁看，可是富翁却借故挑三拣四，想找借口少付点钱。

富翁假装成鉴定专家的样子说道："哎呀！你怎么没有画狗屋呢？"

画家一愣："狗屋？"

富翁说："是啊！狗屋是狗的家，不画狗屋怎么行？"

画家无奈地说道："好吧！我将画改过后，明天给你送来。"

第二天，画家将修改好的画给富翁送来。

富翁又挑剔地说道："怎么只有狗屋，我的狗呢？"

这时，画家泰然自若地回答道："因为我们现在正盯着它们，所以它们躲进狗屋里不出来了。你先把画挂在墙上，过些时候没人注意，它们就会出来了。现在，请您付钱，谢谢。"

画家的回答虽然显得有些荒唐，但是以此来回应富翁前面提到的荒唐要求，却不失为一种良策。同时，这一回答也让富翁哑口无言，再无反击余地。

以谬还谬式的幽默就是这样，不仅可以巧妙地化解尴尬，同时，还可以征服别人，何乐而不为呢？如果遇到类似的局面，你不妨试试看，也许能让你有所收获。

3. 风趣幽默，占有主动

辩论要争取掌握主动权，要做到制人而不制于人。在辩论中，主动权总是操在实力最强的一方手里，对于稳操胜券的主动方来说，"一步主动则步步主动"。所以我们认为，不仅同其他人合作要占据主动，竞争中要占据主动，就是在辩论中同样要占据主动。

在辩论中占据主动的方法很多。利用幽默的技巧对对方进行步步引导，可兵不血刃地在辩论中占据主动地位。下面就是一则在日常生活的辩论中占据主动的幽默故事。

父亲下了班回到家。他的正读大学的儿子以幽默的口吻问："爸爸，你可知道人类学家说过，人本来不该是直立行走的？"父亲回答："这又怎么样？"他说："所以把汽车钥匙借给我吧！"

　　儿子先发制人，主动向父亲发问，一步步把父亲诱进自己设的语言陷阱，再提出自己"借车"的要求，使父亲没有理由拒绝，从而取得这次向父亲"借车"的辩论的胜利。

　　要想最快地达到辩论的目的，需要做多方面的准备。比较好的方法是根据实际情况，提出多样选择方案，从中确定一个最佳方案，作为达成协议的标准。有了多种应对方案，就会使你有很多的回旋余地。

　　小男孩："妈妈，我要养一只小狗。"

　　妈妈："狗多脏啊，宝宝听话，咱们不养狗。妈妈明天给你买只漂亮的玩具狗。"

　　小男孩："妈妈，我不要玩具狗，没有小狗，我要一个小弟弟陪我玩也行啊。"

　　结果，第二天，妈妈就给小男孩买来了一只小狗。

　　小男孩主动提出要求，给了妈妈两个选择，要一只小狗或者一个小弟弟。妈妈自然会同意买只小狗给他。

　　而且，你可以提出两种或多种选择，这些选择都可以是对方不愿意接受的。但是，比较起来，其中总会有一种是令对方最乐意接受的。这时候，你改变辩论结果的可能性就更大了。因为你充分了解和掌握了辩论的主动权，也就掌握了维护自己利益的方法，就能迫使对方在你所希望的基础上辩论。即使对方不同意其中的任何一种提议，他也会在你提议的基础上提出新的解决办法。

4. 模糊语言，幽默表达

在辩论中，直陈其言、正面表态往往会让自己陷于被动的局面，这时可以运用模糊语言灵活地进行表达。另外，运用模糊语言还可产生奇特的幽默效果。

下面是两国外交官的一段对话：

> 甲：阁下的声明是否表示贵国政府对××协定的成效有所怀疑？
>
> 乙：我不准备这样说，当然你可以按自己的理解去解释。

乙虽对甲国政府××协定的成效有所怀疑，但又不好正面回答，所以他采用含糊其词的幽默技巧把这个烫手的山芋抛给了甲，避免了直接回答让对方抓住把柄的可能性。

在辩论中，幽默也可以作为通幽的曲径，婉转地表达你的希望、条件和要求，倾诉你对辩论胜利的渴望之情。

> 一个被判处死刑的罪犯的死期到了。警察唤醒他，问他早餐想吃点什么。他说："凡是我所喜欢吃的都想吃。"
>
> "对啦，我想起来了，"罪犯对警察说，"我最喜欢吃桃子。"

"你知道,现在是冬天,哪来的桃子呢?"警察答道。

"没关系,"罪犯说,"我可以等!"

在严格的法律面前,罪犯的要求当然不会得到满足。不过我们可以就此学习,使用这种幽默的方法委婉提出己方的过分要求,然后把问题交给对方去思考,己方也就在辩论中占据了主动。

美国沃思堡市亿万富翁巴斯四兄弟被誉为辩论桌上的奇才,在一次重大辩论中他们就巧妙地运用了这种辩论手法,简洁地把条件说清楚,然后给对方留下充分的思考时间。

巴斯兄弟在1981年想买下行将破产的皮尔公司,但他们却对皮尔公司的董事会说:"你们在其他地方或许能找到更好的买主!"并且将对皮尔公司可能产生兴趣者的名字一一告诉他们。最后巴斯兄弟说:"如果你们没有其他选择的话,就来找我们。"结果巴斯兄弟如愿以偿,这笔生意按照他们的意愿成交了。

巴斯兄弟的辩论技巧和水平是高超的。他们有一个风趣而幽默的构思,他们认为做生意好比追求女性,如果你狂热地追求她,她会扬长而去,而当你适时后退时,她才会仔细思考同你的关系,就很可能会选择跟着你走。

提出你的条件,给对方足够的考虑时间,然后再坐下来谈时,你就已经在辩论中占据了主动。

语言模糊性的存在是正常的,而且,不会影响到思想和感情的交流。一般来说，辩论语言自然应该准确、清楚，不能含糊其词。但是，在一些特殊的辩论场合，对不能直接回答而又不能不回答，或者一时难以回答而又不得不回答的问题，可以运用一种比较模糊的语言来回答。这样，能够使自己或己方在对方咄咄逼人的发问面前进退自如。

有一对夫妇，丈夫做错了一件事，妻子不但不理解，反而更加唠叨得令人生厌。于是，丈夫火气十足地说："请别这样唠唠叨叨了好不好，不然，我要在桌子上痛打十巴掌了。"

"关我屁事，打呀，打。"想到肉痛的不是她自己，妻子反而火上加油。

"但是，"丈夫道，"经过这十巴掌的锻炼，第十一巴掌打在肉上可就有些功力了。"

妻子戛然而止。大概她感受到丈夫内心的火气，不想让脸作为丈夫练功夫的沙袋吧。

遇到不便直言或不能直言的情况，说话者故意在话语中暗含弦外之音，所强调的往往不是表面的意思，而是另有所指。这种方法更能产生令人意想不到的幽默效果。

从前有个大富翁，虽然他很有钱，却是个十足的铁公鸡——一毛不拔，待人很刻薄。

有一天吃饭的时候，正好有客人来访。他把客人留在客厅里，自己偷偷地溜到里面去吃饭。客人见他这副待客的嘴脸，心中着实不是滋味，便故意大声地说："哎呀，真是可惜，好好一座厅堂，许多梁柱却被蛀虫蛀坏了！"

主人在里面听到了，慌忙跑出来，问道："咦，蛀虫在哪里？"

客人两眼朝他身上打量一下，回答说："它在里面吃，外面怎么知道？"

客人的话表面上是说蛀虫，其实暗指主人。主人心知肚明，但也不便发作。

模糊语言措辞含糊，语意不明确，具有很强的伸缩性和很大的变通性。也就是说，一句话，你这样理解可以，那样理解也可以，因而在外交的场合模糊语言特别受青睐。

在一些特殊场合，往往会碰到不便直接回答但又不能不回答、一时无法回答但又必须回答的问题。这时如果运用精确的语言，往往表达不了我们的思想感情。此时，模糊应对便派上了大用场。

有人问一个如花似玉的少女："你为什么嫁给一个风烛残年的老头？"

少女反问道："如果有人给你一张百万美元的支票，你能不关心支票上的兑现日期吗？"

还有这样令人伤心的对话：

一个问："你和玛丽的婚约撤销了吗？"另一个答：

"是的，她不愿嫁给我，嫌我穷。"

一个再问："你没有告诉她，你叔叔很富吗？"另一个再答："告诉啦，所以她现在是我婶婶了。"

类似的对话，还不少：

一位驻海外的士兵收到美国的女朋友的绝交信，说她要结婚了，请士兵寄还她的照片。士兵从战友那里搜来各式各样的女人照片，统统装入木箱，寄给见异思迁的女友。女友发现箱子里有一张便条，上面写着："请挑出你自己的照片，其余的寄回来。"

丈夫忍受不了凶悍泼辣的妻子的折磨，逃出家门，投宿旅馆。旅馆经理为他打开一个房间，讨好说："住在这间房里，您会感到像自己家里一样。"

这人一听，大声呼救道："天哪，快给我换个房间吧！"

模糊应对变通性大，可塑性高，攻击力强，可以化解矛盾、应付刁难、摆脱困境，是一种常用的舌战技巧，广泛用于外交谈判、生活口辩等场合。

阿凡提当理发师，大阿訇来剃头，总是不给钱，阿凡提想找机会整治他一下。

有一天，大阿訇又来理发。阿凡提先给他剃了头，在刮脸的时候，问道："阿訇，您要眉毛吗？"

"要，当然要！"

"好，您要我就给您。"阿凡提说着，"嚓嚓嚓"几刀，就把阿訇的两条眉毛刮了下来，递到他手里。阿訇气得说不出话来。

"阿訇，胡子要吧？"阿凡提又说。阿訇连忙改口说："不要！不要！"阿凡提连声说好，又是几刀，把阿訇的胡子全部剃了下来。

阿凡提利用"要"的多义施展计谋，故意"误用"，逗得阿訇左右为难，连连上当。

5. 声东击西，含蓄幽默

声东击西法，是指目标在西而先假意向东，出其不意地给对手一击。它实际上是一种含蓄迂回的幽默技巧。在辩论中，要回击或反驳对手的时候，这种幽默技巧的运用特别有力。

声东击西法包含很多内容：欲东而西，欲是而非；明说张三，实指李四；明里问罪，暗中摆功；敲山震虎，指桑骂槐，含沙射影；等等。在各种辩论中，都可以对声东击西这种幽默技巧巧妙地加以运用，以产生强烈的幽默效果，争取辩论的胜利。

《史记·滑稽列传》有这样一则记载：

　　楚庄王有一匹爱马，给它穿带有刺绣的衣服，养在装饰华丽的屋子里，喂它吃枣脯，最后马因肥胖过度而死。楚庄王让群臣为马发丧，要以大夫规格，用内棺外椁而葬。大夫提出异议，楚庄王下令道："有敢于对葬马之事再讲者，处以死罪。"优孟听说后，跑进大殿，一进殿门，便仰天大哭。楚庄王十分吃惊，忙问何故。优孟说："死掉的马是大王心爱之物，我们堂堂楚国，要什么东西没有？而今却要以大夫之礼葬之，太薄了，我请求大王以人君之礼葬之。"楚庄王听后，一时无言以对，只好打消以大夫之礼葬马的打算。

　　本来楚庄王要厚葬宠物，而且不容大臣提出异议，可优孟的反话正说使之改变了初衷。

　　上面这则故事中，优孟为了达到各自的劝谏目的，取得辩论的胜利，运用了反话正说、声东击西的幽默技巧。也就是使用与原来意思相反的语句来表达本意，表面赞同，实际反对。在辩论中，运用这种表达方式往往能起到直接表达所没有的作用。

　　此外，在辩论中，要想运用声东击西的幽默技巧取得好的效果，还需要对方的静心默思，反复品味。因为这种幽默技巧的特点是：你想表达的意见没有直接表达出来，而是以迂为直，被埋藏在所说的话后面。对方在听完之后，必须有回味思考的时间，才能体会出个中的奥妙，产生幽默风趣的效果，这种声东击西的幽默技巧才能对辩论的结果产生影响。因此，一个真正有幽默感的辩论者，不但要自己善于说，而且要善于领悟对手的幽默。善于领会对手的幽默，也是一种辩论智慧的表现。

　　说出来的话，所表达的意思与字面意思完全相反，就叫正话反说。如字面上是肯定的意思，而想表达的是否定的意思；或字面上是否定的意思，而想表达的是肯定的意思。这也是产生幽默感的有效方法之一。使用这种方法能够在不直接指明对方错误的基础上，使他们自我反省并认识自己的错误。

　　有一则宣传戒烟的公益广告，完全没提到吸烟的害处，相反地，却列举了吸烟的四大好处：一、节省布料。吸烟的人易患肺痨，导致驼背，身体萎缩，所以做衣服就不需要用那么多布料。二、可以防贼。抽烟的人常患气管炎，通宵咳嗽不止，贼人以为主人未睡，便不敢行窃。三、可防蚊虫。浓烈的烟雾熏得蚊虫受不了，只得远远地避开。四、永葆青春。不等年老便可去世。

　　这里说的吸烟的四大好处，实际上是吸烟的害处。正话反说，显得很幽默。让人们从笑声中悟出其真正要说明的道理，即吸烟危害健康。

　　当然，正话反说的幽默技巧不只可以用到广告宣传中，在面对面的交流中，这种幽默技巧也有广泛的使用空间。

　　　杰克和他的女朋友想喝咖啡，但端上来的咖啡差不多只有半杯。这时，杰克笑嘻嘻地对咖啡店主人说："我有一个办法，保证叫你多卖出三杯咖啡，你只需要把杯子倒满。"

　　　杰克巧妙地运用正话反说的幽默感来表达失望，却不致给对方造成难堪。也许杰克并没有喝到满满一杯咖啡，但杰克一定会收获友善、愉快的服务，咖啡店主人或许还会请杰克下次再光临该店。

当我们需要表达内心的不满时，也可以使用正话反说的幽默技巧，让别人听起来顺耳一些。

秦朝的优旃是一个有名的很幽默的人。有一次，秦始皇要大肆扩建御园，多养珍禽异兽，以供自己围猎享乐。这是一件劳民伤财的事，但大臣们谁也不敢冒死阻止秦始皇。这时能言善辩的优旃挺身而出，他对秦始皇说："好，这个主意很好，多养珍禽异兽，敌人就不敢来了，即使敌人从东方来了，下令麋鹿用角把他们顶回去就足够了。"秦始皇听了不禁破颜而笑，并破例收回了成命。

优旃的话表面上是赞同秦始皇的主意，实际意思则是说，如果按秦始皇的主意办事，国力就会衰弱，敌人就会趁机进攻，而麋鹿用角是不可能把他们顶回去的。这样的正话反说，因为字面上是赞同秦始皇的，优旃足以保全自己；而真正的含义，又促使秦始皇在笑声中醒悟，从而达到了优旃的说服目的。

6. 轻松幽默，化解疑虑

辩论中，当对方突然提出担心时，你应该给他一颗定心丸吃，用幽默的方式化解对方疑虑。辩论中，面对面之外的外围战相当重要。先外围后内里、先幕后再公开，在辩论桌外找到双方的共同点，可以为场内辩论营造良好的气氛。辩论中的外围战，是联络感情、沟通信息、影响对手的手段，是对正式辩论的一种补充。

要化解对方疑虑，首先要了解对方的困惑，以及造成对方疑虑的主要原因，做一个清楚的分析、做一个清楚的整理，然后才能针对对方的疑虑点用轻松、幽默的语言进行充分的交流。这样双方的关系发展相对较为稳定，歧见也较容易化解。

我们来看看下面这个故事中船长是怎样做的。

有一条船在航行中，突然狂风吹来，海浪滔天，船马上就要翻了。船长急忙命大副去通知乘客弃船逃命，结果大副去了半天，悻悻而回，说道："他们都不愿跳下去，对不起，我实在没有办法了。"

船长无奈，只好亲自到甲板上去，不一会儿，便微笑着回来了。他说："都跳下去了，我们也走吧！"

大副很惊异地看着他，问道："你是怎么劝说他们的呢？"

船长说："我首先对那个英国人说——作为绅士，应该作出表率——于是他跳下去了；接着，我板着脸对那个德国人说——这是命令——于是他也跳下去了；我又对那个法国人说——那种样子是很浪漫而且潇洒的——他也跳下去了；然后，我对伊拉克人说——这是将军和真主的旨意——他马上起身，穿上救生衣就跳了下去。"大副一听，简直佩服得五体投地："太妙了，长官，那么你是怎么对美国人说的呢？"船长说："我说——您是被保了险的，先生。那家伙赶紧夹着皮包跳下水去了！"

　　上面故事中，船长针对不同的人，总结归纳出了他们各自的特点，并针对这些特点，采用了不同的说法。在我们看来，这些说法都很幽默，而在听者耳中，它具有一种象征国家和职责的内涵。其实，在无奈的情况下，大家必须作出跳海的选择，每个人都明白船长要表达的意思。对于大副没有完成的任务，船长很轻松地就搞定了。

　　这告诉了我们一个道理：当我们想在辩论桌上说服他人时，除了要将自己的语言信号准确无误地传达给对方，采用有针对性的语言因人而异地进行说服外，最重要的还是先造就良好的形势，使对方在没有其他选择的情况下不得不接受我们的提议，这样幽默的说服才会收到预期的效果。否则，就很可能因基本条件不充分而导致辩论失败。

　　辩论中也可以运用装傻的幽默技法巧避对方锋芒。在辩论过程中，可以装作没有听到或没有听清楚对方的话，或者扮成没弄懂对方的意思，以巧避锋芒，避免尴尬。它的特点是：装傻可以打击、转移对方的辩论兴致，使之无法继续设置窘迫局面，化干戈为玉帛，并能够寓反击于无形，不战而屈人之兵。

　　在辩论中，这种方式往往被一些辩论高手使用。

　　尽管假装糊涂法有很多的妙处，但有时也很难在复杂的场合取胜，要想在这些场合取胜，就需要对自己的"糊涂"来一个聪明的注脚。看下面的这则小幽默：

　　保罗正在路上走着，忽然窜出一强盗，用手枪对着他说："要钱还是要命？"

"你最好还是要命吧！"保罗说道，"因为我比你更需要钱！"

这里，保罗的前半句回答显得很糊涂，遇上歹徒，恐怕谁都会选保命的，后半句才点出真意。

装傻实际上是大智若愚。辩论中，装傻可以使人自找台阶，化解尴尬局面；可以故作不知，达成幽默，反唇相讥；可以假痴半癫，迷惑对手。你必须有好演技，才能"傻"得可爱，"疯"得恰到好处。我们可以通过发挥大智若愚的幽默力量赢得辩论。

7. 环顾左右，迂回入题

"顾左右而言他"，是大家都熟悉的谚语，也是一种幽默的辩论技巧。一般人在辩论刚开始时都懂得运用这种"环顾左右，迂回入题"的幽默辩论策略，通常不会一碰面就急急忙忙地进入实质性谈话。双方人员也都表现得彬彬有礼，言语轻松。因此，双方有足够的时间协调一致。

在辩论过程中，随着辩论的深入，双方内心都会越来越忐忑不安，尤其是当辩论陷入僵局时。这时，可以运用"顾左右而言他"的幽默辩论技巧消除尴尬，稳定情绪，使辩论气氛变得轻松、活泼，从而打破僵局，掌握主动权，为赢得辩论奠定一个良好的基础。它将是你获得成功的一种重要策略手段。

世界第一位女大使柯伦泰曾被任命为苏联驻挪威贸易代表。一次，她和挪威商人辩论购买挪威鲱鱼。挪威商人出价高得惊人，她的出价也低得让人意外。双方开始讨价还价，在激烈的争辩中，双方都试图削弱对方的信心，互不让步，辩论陷入僵局。最后柯伦泰笑着说："好吧，我同意你们的价格。如果我们政府不批准的话，我愿意用自己的工资来支付这个差额。但是，这自然要分期付款，可能要支付一辈子了。"

挪威商人在这个辩论对手面前无计可施，只好同意将价格降到柯伦泰认可的水准。

柯伦泰运用幽默巧妙破解了辩论的僵局，最终使对方接受了己方的条件。

婉转提问也是"顾左右而言他"幽默技巧的一种。这种提问是用婉转的方法和语气，在适宜的场合向对方发问；这种提问是在没有摸清对方虚实的情况下，先虚设一问，探出对方的虚实，进而采取相应的对策。出色的辩论大师总是工于心计、巧于言辞，在辩论桌上运用自己的口才和幽默与辩论对手展开智慧、谋略的较量。

在辩论中，要想顺利使用"顾左右而言他"的幽默辩论技巧，还必须密切留意对方态度的变化。身体动作、手势、眼神、脸部表情和咳嗽等，都能成为合用的幽默素材。有时辩论者有意识地用这些形体动作代替有声语言，特别是在不允许或不宜用语言表达的时候。如咳嗽，有时表示紧张不安，有时用来掩饰谎话，有时表示怀疑或惊讶。但是，在某一时刻，一个举动又不仅仅表示一个意思。这就要求辩论者善于将对方的态度和言谈举止联系起来加以辨别。

8. 适时自嘲，活跃气氛

幽默，一直以来被认为是只有聪明人才能驾驭的语言艺术，而自嘲又被看作幽默的最高境界之一。由此可见，能自嘲者必须是智者中的智者、高手中的高手。

自嘲是一种高级的幽默技法，更是一种胸怀宽广的体现。周国平说过："自嘲就是居高临下地看待自己的弱点，从而加以宽容。自嘲把自嘲者和他的弱点分离开来了，这时他仿佛站到了神的地位上，俯视那个有弱点的凡胎肉身，用笑声表达自己凌驾其上的优越感。"可以说，一个能够自嘲的人必须具有非常广阔的胸怀，一种超然于物外的豁达，一种不甘平庸的境界。

自嘲这种手法是缺乏自信者所不敢使用的，因为自嘲者需要拿自身的失误、不足甚至生理缺陷来开涮，对丑处、羞处不予遮掩、躲避，反而把它放大、夸张、剖析，然后巧妙地引申发挥、自圆其说，博得他人一笑，从而化解尴尬或者赢得大家的喜爱。

自嘲，不仅是一种博大的胸怀，更是一种悲悯的情怀。它是以一种优雅的方式展示自己的缺失和过错而求得和谐的高贵品质。

自嘲，随着认知的不同、运用场合的不同，所起的作用也不尽相同。在辩论中，恰当使用自嘲的方法，能够帮自己掩饰失态和尴尬，显示自己极深的修养，能够活跃场面、气氛，愉悦人心，赢得听众，同时又兼具嘲笑对方的作用。

　　"娶个好女人，你会很快乐；娶个坏女人，你会成为哲学家"是人们关于苏格拉底的笑谈。事实就是这样。苏格拉底的妻子是个泼妇，常对他发脾气，而苏格拉底总是对旁人自嘲道："讨这样的老婆好处很多，可以锻炼我的忍耐力，加深我的修养。"一次，苏格拉底的老婆又发起脾气来，大吵大闹不肯罢休，苏格拉底只好退避三舍。他刚走出家门，那位怒气难平的夫人突然从楼上倒下一大盆水，把他浇得像只落汤鸡。这时，被围观的苏格拉底仍然不慌不忙地说："响雷过后必有大雨，果然不出我的所料。"

　　在辩论中，慷慨陈词、情绪激昂，从气势上压倒对方，令其手足无措，固然是一种较好的方法。但是，如果对方也激情饱满，侃侃而谈时，双方势均力敌，容易使辩论成为争吵。这时，某一方若采取"钝"的战术——调侃术，将会收到更好的说辩效果。

　　美国第十六任总统林肯，是美国历任总统中最有幽默感的一位。而且，他常常通过自嘲来达到雄辩的目的。

　　一次，林肯为了黑奴的解放与美国作家、废奴运动领袖道格拉斯发生了争执。两人进行辩论时，道格拉斯说他是两面派。人们都知道林肯的相貌很难看，他自己也知道这一点。于是林肯幽默地说："现在，请听众来评评看，要是我有另一副面孔的话，你认为我会戴这副面孔吗？"

听众和道格拉斯，都被林肯的话逗笑了。

作为总统，一国之元首，身处政治旋涡的中心，经常遇到非礼的语言、难缠的对手、棘手的问题、突发的事件等，如果处理不当，轻者会使自己陷入尴尬境地，重者会使对手大造舆论而让自己威信扫地。而林肯在复杂的情况下，以机智幽默的语言、从容大度的姿态，应对各种难堪的局面，对付各种难缠的对手，使他在政治舞台上，左右逢源，扮演着自己的角色。林肯调侃自己的幽默说辩术，是一种高妙的应变技巧。他用闪烁着智慧的目光看社会、看人生、看自己。他把自己作为调侃对象，并不是自轻自贱，更不是"展览"缺陷，而是一种超凡脱俗的豁达开朗，显示出他深刻地洞察生活、客观地理解生活的敏锐和聪颖。

自我调侃和通常人所追求的自我尊重的心理惯性恰恰相反，因而显得怪异。但是，自我调侃的本意，并非自我嘲弄，而是"醉翁之意不在酒"，具有"表里相悖""言此意彼"的特点。这是因为，这种调侃并不是全真的，而是半真半假，有时甚至是虚构的。但是，自我调侃当中也有些真的成分，不管是优点还是缺点，调侃者却把它看得很轻松，很不当一回事，这就显得自嘲者有特别的胸襟。

嘲笑自己的缺点比嘲笑他人的缺点的高明之处在于把对自己的珍爱和对自己的贬抑结合起来，以主动贬抑体现自己心灵的纯净。而对别人的调笑却不能表现这么强的珍爱和贬抑的反差、这么复杂的情感结构。你当着众人调侃自己时，表现了你有高人一筹的智慧和广阔的胸襟，还有一种对自己的超然物外的情感。

1990年中央电视台春节晚会，台湾电视节目主持人凌峰先生运用调侃术"幽默自己"，创造了极佳的幽默效果，把晚会推向了一个新的高潮。

凌峰先生有这样一段精辟而富有哲理的话："在我的人生观看来，我认为每个人都在扮演许多次小丑，有的时候是在孩子面前；有的时候是在父亲面前；有的时候是在爱人面前；有的时候是在领导面前。我呢，是在观众面前。"

像这样令人耳目一新的自我幽默，在显示凌峰先生特别宽广的胸怀方面，他获得了更大的自尊。

自我调侃在说辩中的应用，不仅仅是为了自我幽默而对自己产生一种超然的情感，更为直接的作用是可以帮助你瞬间摆脱令人尴尬的窘境。尤其是当你莫名其妙地被别人当作取笑对象时，惶恐狼狈、恼羞成怒都不足取。你可以敏捷地接过对方打趣的话头，让它对准自己，来个以退为进，"自我调侃、幽默自己"。这样，当幽默的主体与客体融合在一起时，你略胜一筹的调侃术，会让你变被动为主动，让你成为幽默的创造者，从而进入愉悦的氛围。

第六章
灵活机智的诡辩术

诡辩是一种争论的智慧。所谓诡辩，就是在谈说辩论的过程中，辩论者为了维护自己的虚假论断或反对别人的真实论断，故意违反逻辑论证或各项规则所采取的种种"总是有理"的论证方法。

1. 以彼之矛，攻彼之盾

相信很多人都听过"矛与盾"的故事：

古代有个卖长矛和盾牌的人，吹嘘说自己的矛是天下最锋利的，可以击破任何盾牌。过了一会，他又拿起自己的盾牌吹嘘道："我的盾牌是天下最坚固的，可以抵挡任何武器的攻击。"于是有人就问："既然如此，如果用你的矛，去攻击你的盾牌，结果会怎样呢？"结果当然是，卖矛与盾的人哑口无言，陷入自相矛盾之中。

"以彼之矛，攻彼之盾"的技巧，就是让对方自相矛盾，并可在辩论的同时，产生一定的幽默效果。

东汉哲学家王充曾和一些有迷信思想的人发生过一场辩论。有人说："人死了，灵魂就变成了鬼。鬼的样子和穿戴跟人活着的时候一模一样。"

王充反驳道："你们说一个人死了，他的灵魂能变成鬼，难道他穿的衣服也有灵魂，也变成了鬼吗？照你们的说法，衣服是没有精神的，不会变成鬼，如果真的看见了鬼，那它该是赤身裸体、一丝不挂才对，怎么还穿着衣服呢？并且，从古到今，不知几千年了，死去的人比现在活着的人不知多多少倍，如果人死了就变成鬼，就应该看到几百万、几千万的鬼，满屋子、满院子都是，连大街小巷都挤满了鬼。可是，有几个人见过鬼呢？那些说见过鬼的，也说只见过一两个，这样他们的说法不就自相矛盾了吗？"

有人辩解说："谁说死了的都变成鬼了？只有死的时候心里有怨气、精神没散掉的，才能变成鬼。古书上不是记载过，春秋时候，吴王夫差把伍子胥放在锅里煮了，又扔到江里。伍子胥含冤而死，心里有怨气，变成了鬼。所以每年秋天掀起潮水，发泄他的愤怒，可厉害呢！怎么能说没有鬼呢？"

王充说："伍子胥的仇人是吴王夫差。吴国早就灭亡了，吴王夫差也早就死了，伍子胥还跟谁做冤家、生谁的气呢？伍子胥如果真的变成了鬼，有掀起大潮的力量，那么他在大锅里的时候，为什么不使出掀大潮的劲儿，把那一锅滚水泼在吴王夫差的身上呢？"

王充在这里反驳论敌时就是使用了"以彼之矛，攻彼之盾"的办法。他先假设论敌的观点是正确的，然后再用这一观点去攻击对方，这就给了论敌当头一棒，使他们瞠目结舌、哑口无言。

"以彼之矛，攻彼之盾"是辩论中的经典方法，利用连锁反应"一是百是，一非百非"的特点，推出荒唐的结论。我们通常用"连锁反应"一词来表示事物发展过程中呈现出的严格因果联系，其实在幽默的具体应用中往往也牵涉到连锁反应。然而，简单、一般的因果推理并不见得会有出其不意的幽默功能，为了将幽默的主题不断推向高潮，强化幽默的效果，还必须将反驳与连锁推理有机地结合起来，"以彼之矛，攻彼之盾"是就推理的结果而言的。在具体推理过程中用连锁法，可在最后的结论中使对方自相矛盾。比如：

　　一个人的母亲死了，服丧时他偶然吃了一次红米粉，被一个迂腐的书生看到了。书生大为不满，指责这个人是不肖子孙。那人问他为何。他说，红色是喜庆的颜色。那人反驳说：既然这样，那么大家天天吃白米饭，岂不是天天在服丧吗？

　　一句话，言简意赅，使人看到了书生的荒唐。反驳书生的人使用的就是"以彼之矛，攻彼之盾"的办法，就是以对方的论点为前提，利用此论点去攻击对方，从而驳倒对方。
　　再看一个古希腊的幽默小故事：

　　一场可怕的暴风雨过后，一位大腹便便的暴发户对阿里斯庇普说："刚才我一点也没害怕，而你却吓得脸色苍白。你还是个哲学家呢，真不可思议。"
　　阿里斯庇普回答说："这并不奇怪。我害怕，是因为想到希腊即将失去一位像我这样的哲学家。但是，你有什么可担心的呢？你如果淹死了，希腊最多也不过是损失了一个白痴！”

故事中，阿里斯庇普没有否认自己的害怕，他的聪明之处是在暴发户结论的基础上另辟蹊径，为暴发户的结论做了一个更加幽默的解释，从而将暴发户的结论推向不打自败的境地。这种方法从表面上来看是荒谬的，但实际上通过智慧的转化，往往能够谬中求胜。从这一点来看，它一点也不荒谬，而且处处闪耀着智慧的灵光。

在人际交往中，利用“以彼之矛，攻彼之盾”的办法进行攻击有两种方式：一种是纯粹戏谑性的，主要为了显示亲切的情感，引起对方的共鸣，或者为了展示智慧，引起对方欣赏；一种是斗智性的，好像进行幽默式智力比赛，互相争上风，这时调笑性、攻击性更重要。当然有时攻击性是很凶猛的，但表现形式是很轻松的。即明明知道对方错了，不但不予以否定，反而予以肯定。而肯定的结果是更彻底的否定，使对方陷入自相矛盾的旋涡之中。

总之，“以彼之矛，攻彼之盾”是一种反驳的手段，但绝不是生硬的反驳，而是绕个圈子，用对方的观点来揭露对方的错误。

2. 装疯卖傻，偷换概念

所谓假痴不癫，是指假装痴呆，以掩饰自己真实的思想和行为。在诡辩手法中，假痴不癫指故意模糊概念的确定性。

有个已经形成某种格式化的古代诡辩故事：

有个人到一家新开张的布店里要买两匹布，挑好之后问多少钱。店主说："开张大喜，今天只收半价。"于是这个人还给店主一匹布，拿起另外一匹布便走。店主急忙说："先生还没付钱呢。"这个人却说："不是已经给你了吗？"店主莫名其妙地说："没有啊。"此人大怒："真是个奸商。我买你两匹布，你说只收半价。我已经把一匹布折合成一半的价钱给你了，你怎么还要钱？"

在这场诡辩中，"两匹布的半价等于一匹布"似乎很"有理"。其实，这是诡辩者故意用模糊的概念混淆了视听。

布匹和布价是两个不同的概念，一匹布是两匹布的一半，但却不是两匹布的布价的一半。但这个诡辩者却将半价、全价问题搅和在同一个言语活动中，故意模糊了这两个概念的区别，使得人们虽然觉得"这件事有问题"，却又一时说不出问题出在哪儿。这时不妨换算一下：假定两匹布值20块钱，一匹布值10块钱。如果是半价，那么两匹布就只值10块钱，一匹布也只值5块钱。而5块钱是不能抵销两匹布的半价10块钱的。亦即，如果这个诡辩者的论证成立，岂不是要闹半价卖出全价退货的笑话了？

所谓模糊概念，指在同一思维过程中，由于认识不清，无意识地、不自觉地把本应具有确定含义的某一概念搞得不知所云。而上述这个笑话之所以是诡辩，就是因为诡辩者装疯卖傻地故意模糊了概念。

概念是反映对象本质属性的思维形式，它是思维的最小单位，是构成判断和推理的细胞。任何一个概念，作为对客观事物的认识成果，都有"质"和"量"两个方面，概念的"质"是指概念的内涵，它反映的是概念中对象的本质属性（通俗地讲：这个概念的含义是什么）；概念的"量"是指概念的外延，它是概念所反映对象的总和（通俗地讲：这个概念所指的对象有哪些）。虽然概念是一定时期内生产力和科学技术发展的成果，但随着实践的发展和认识水平的提高，人们可以通过认识某一事物另一方面的或者是更多的本质属性，形成不同的概念（如原子、中子、粒子等），或者将某一概念的外延扩大或缩小。因此，概念的内涵与外延有其确定性和灵活性。

其确定性是指，不管人们在什么时候、以什么角度来认识概念，在一定的条件下（确定的时间、确定的空间内），概念的内涵和外延都是确定的，都确有所指。这样，概念之间才能相互区别，人们的思想交流才能依此进行。概念的确定性决定了概念不能模糊、不能随便替换，也不能任意相互混淆。

其灵活性是指，虽然概念是对象本质属性的反映，是人们的认识形式，但是，客观事物是发展变化的，人们的认识也是不断深化的，因此，概念的内涵和外延也会相应地发生变化。

偷换概念是一种故意违反同一律要求的诡辩手法。在某一个具体的思维过程中，我们使用的概念必须具有确定性，不能随随便便改变它的含义，这就是语言逻辑中同一律的要求。同样的道理，在某一辩论过程中，我们的思想也必须具有确定性，不能随随便便加以改变。但是，诡辩者为了达到其扰乱视听的诡辩目的，为了使自己的谬论成立，往往会采用随意偷换某个概念含义的办法。我们将这种随意改变某个概念含义的诡辩称为偷换概念式诡辩。因为概念都是要用语言来解释的，所以，偷换概念者总是在一些字词上做文章。

一辆公共汽车上，有一个青年乘客在抢着下车时把一块车窗玻璃撞碎了。

售票员和颜悦色地对这位青年说："同志，玻璃是你打碎的，按规定要赔偿。"

青年反问道："为什么要我赔？"

售票员耐心地解释说："损坏了人民的财产就应该赔。"

青年说："我是人民中的一员，人民的财产有我一份，用不着赔，我那份不要了！"

这个青年是在诡辩。他玩的是一种偷换概念的诡辩。"人民的财产"从逻辑上讲是个集合概念，是不可分割的，而这个青年却故意把它当成非集合概念进行诡辩。

　　两个中学生找到老师，问：

　　"老师，请问，什么叫诡辩呢？"

　　这位精通哲学的老师并没有直接回答这个问题。他稍稍考虑了一下，然后说："有两个人到我这里来做客，一个很干净，另一个很脏。我让这两个人去洗澡。你们想想，他们两个人中谁会去洗呢？"

　　"那还用说，当然是那个脏人。"学生脱口而出。

　　"不对，是干净人。"老师反驳道，"因为他养成了洗澡的习惯，脏人认为没什么好洗的。再想想看，是谁洗澡了呢？"

　　"干净人。"两个学生改口说。

　　"不对，是脏人，因为他需要洗澡；而干净人身上干干净净的，用不着洗澡。"老师又反驳说。然后，他再次问道："现在看来，我的客人中谁洗澡了呢？"

　　"脏人！"学生重复了第一次的回答。

　　"又错了，当然是两个人都洗了。"老师说，"干净人有洗澡的习惯，而脏人需要洗澡。怎么样？他们两人到底谁洗澡了呢？"

　　"那看来是两个人都洗了。"学生犹豫不决地回答。

　　"不对，两个人都没洗。"老师解释说，"因为脏人没有洗澡的习惯，干净人不需要洗澡。"

　　"有道理，但是我们究竟该怎么理解呢？"两个学生不满地说，"你讲的每次都不一样，而总是对的！"

这就是诡辩。之所以会出现"老师讲的每次都不一样，而总是对的"结果，是因为老师在解释中同时涉及两个标准，一个是生理要求，一个是心理要求。老师的每一次回答选择的标准都与学生所选择的标准不同，自然会得出与学生相反的结论。也就是说，老师所说的概念每一次都是不相同的。因此，学生回答总是不正确。可见，诡辩就是这样造成的。所以，如果学生能更深一层去思考老师的回答标准，指出他的错处，就使老师的诡辩无机可乘了。

偷换概念是一种诡辩伎俩，在辩论中我们千万不可对它掉以轻心。如果我们对这种伎俩缺乏理性的剖析能力，有时反而会造成窘境的转换，有"理"的一方暗自憋气，无"理"的一方却趾高气扬。

3. 不露痕迹，巧摄人心

与人发生争论时，要使你的观点被对方认可，关键在于你是否能够把自己的想法不露痕迹地灌输给别人。在对方的潜意识之前，有所谓"检阅层"的哨兵在监视着。因此，一旦你得罪了哨兵之后，不管你如何使出浑身解数，他们总是不会让你通过的。为了不得罪这些哨兵，灵巧地通过这一关，你应该注意一些什么呢？

（1）仔细地听取对方的想法

首先，你不妨使对方先说出他的想法，以便仔细地听取。人们普遍都有一种欲望，那就是尽量把心中的感受倾吐出来。当这种欲望未得到满足时，是无法去倾听别人的意见的。因此，当你要对方听取自己的意见时，不妨先听听对方的话。如果可能的话，尝试令对方重复一下他的意见，并问他是否还有什么话想说。

（2）在答话之前，不妨稍停顿一下

当受到质问时，有不少人会即刻答复，速度之快，可以用"间不容发"来形容。事实上，这并非上乘的方法。你不妨先看看对方的脸，隔一会儿之后再答复。如此一来，能够给对方一种满足感，使他认为自己所说的话值得你思考一番。这样当然就有利于你。不过，只要稍停顿一下就行了。如果你停顿得太久，对方会认为你不肯明确答复，或想避重就轻，甚至认为你无意回答他的问话。

即使你不得不反对对方的想法，亦不应立即说出反对之词。这么一来，你无异是在告诉对方："阁下的想法是不足取的，根本就没有考虑的价值。"

（3）不要百分之百地胜过对方

每逢争论之时，几乎每一个人都会认为自己的想法是正确的。至于对方的想法呢，则往往会被认为是荒谬的、完全错误的。其实不管是何种争论，每个人多多少少都有正确的意见，也有不正确的想法。因而，当你与别人辩论时，不妨对其某一项意见表示让步，这么一来，你必定能够在某一方面与对方达成一致。而对方也会对你的某些意见作出让步。

在这种场合，你不妨使用"是的……然而……"的说话技巧。你可婉转地说："是啊，关于这一点，我同意你的意见，不过除此之外，不是还有这样的方法吗？……"或者："唔……你说的不无道理。不过，采取此种方法不是更好一些吗？"

（4）温和地说出自己的想法

与人争论时，切勿感情用事。当对方反对自己意见时，为使对方接受自己的意见，切勿不顾一切地展开激烈的争论，甚至采取过火的态度。这种方法是不会产生好效果的。因为一般人都有一种逆反心理，对恫吓的态度，往往会产生反感，当然就更不想改变自己的想法了。

相比之下，如果能够心平气和地阐述事实，往往容易产生更好的效果。同时，千万别摆出"这是绝对错不了的"的态度，最好是能够以"我的想法或许有错"的谦逊态度去说话，这么一来，对方将会听取你的意见，并会不知不觉地接受你的想法。

（5）让第三者代你说话

当你与别人展开争论之时，最好让第三者代你说出自己想说的话。例如，母亲教导孩子时，总是说："老师不许你这样做。"或者说："这样做，老师会处罚你的……"总比以自己的想法教导他效果要好得多。因为每个人都有一种心理倾向，那就是：很难信服"卖瓜者说瓜甜"的说法。经过第三者的转手之后情形就不同了。在这种场合里，即使对方的主张与你的想法不同，你也不至于刺激到对方的自尊。

例如，你说："据说美子的丈夫打从戒烟之后饭量增加了，上下楼梯也不气喘如牛了……"其实，你这么说，只是想要自己的丈夫戒烟而已。又如，你想要丈夫把工资原封不动地交给你的话，不妨如此说："据统计，把工资原封不动地交给妻子的丈夫目前已有97%以上……"

（6）保全对方的面子

当你与别人展开争论时，有一件事是非记牢不可的，那就是要保全对方的面子。一个人在讲了自己的想法之后，即使察觉到想法有差错，也很难自认错误，或者改变想法，因为一旦承认了自己的错误之后，往往会疑心生暗鬼，唯恐他人认为自己是撒谎者，或怕别人为此瞧不起自己。因此，为了保全对方的面子，你最好为他制造下台的机会。例如，你可以推说："这也难怪，因为你不明了那一件事，当然会如此想了。"或者说："只要不明所以，大家都会如此想呢！"

又如，当对方弄错时，你不妨推说那是无可奈何的事："这不算什么，以前我也常犯这方面的错误。只要熟悉了之后，自然就熟能生巧，再也不会犯错误了。"或者说："在那种条件之下，谁都会弄错的！"

4. 运用类比，反驳诘难

在辩论中，常常遇到对方的诘问。如果仅仅从逻辑上来说明，你就可能陷入一场无休止的争论之中。聪明人会用类比的方式，找一个相似的事物所具有的属性或特点，来证明对方诘问的荒谬。这是一种以曲为直的方法，在达到反驳目的的同时，让对方能心平气和地接受你的观点。

　　一家公司的经理在一次业务辩论中，受到了另一家公司业务员的顶撞，为此，他气冲冲地找到那家公司的经理，吼道："如果你不向我保证，撤销上次那个蛮横无理的工作人员的职务，那么，你们显然没有诚意和我公司达成协议！"

　　那家公司的经理听了微微一笑，说："经理先生，对于工作人员的态度问题，是批评教育还是撤职处理，完全是我们公司的内部事务，无须向贵公司做什么保证。这就同我们并不要求你们的董事会一定要撤换与我公司工作人员有过冲突的经理的职务，才算是你们具有与我公司达成协议的诚意一样。"

　　先前怒气冲冲的经理顿时哑口无言，态度也缓和了许多。

　　在这里，后一家公司的经理巧妙地运用了类比的技巧。虽然说这两家公司有很多不同之处，但有一点却是相似的，即两家公司对工作人员或经理的处理完全是各公司的内部事务，与有没有诚意和对方合作无关。该经理就是抓住了这一相似点做类比，从而告诉了对方所提要求的不合理之处，表达了对其诘问的反驳。

1956年，在苏联共产党第二十次代表大会上，赫鲁晓夫做了"秘密报告"，揭露、批评了斯大林"肃反扩大化"等一系列错误，引起苏联人民及全世界各国的强烈反响。大家议论纷纷。

有一次，在党的代表大会上，赫鲁晓夫再次批判斯大林的错误。这时，听众席里有人递上一张条子。赫鲁晓夫打开一看，上面写着："那时候你为什么不提出来？"

赫鲁晓夫沉思了片刻，拿起条子，通过扩音器大声念了一遍条子上的内容，然后望着台下，大声喊道："谁写的这张条子，请你马上从座位上站起来，走上台。"台下没有动静。赫鲁晓夫又重复了一遍他的话："请写条子的人站出来。"全场仍死一般地沉寂，大家都等着赫鲁晓夫的爆发。几分钟过去了，赫鲁晓夫平静地说："现在，你们知道我当时为什么不提出来了吧？"

面对群众提出的尖锐问题，赫鲁晓夫不能不讲真话。但是，如果他直接承认"当时我没有胆量批评斯大林"，势必会大大有损于自己的面子，也不符合一个有权威的领导人的身份。于是赫鲁晓夫巧妙地即兴创造出一个场景，借这个众人皆知其含义的场景来含蓄地给出自己的答案。这种回答既不损害自己的威望，也不会让听众觉得他在文过饰非，相反，还让所有在场者感受到他的幽默风趣、平易近人。

苏联诗人马雅可夫斯基在一次演讲会结束后，与对他怀有敌意的发问者展开了争论。发问者说："您的诗太骇人听闻了，这样写诗是要短命的，明天就会完蛋，您本人也会被忘却，您不会成为不朽的人。"马雅可夫斯基答道："请您过1000年再来，那时我们再谈吧。"

发问者又说："您说，有时应当把沾满'尘土'的传统和习性从自己身上洗掉，那么，您既然需要洗脸，就是说，您也是肮脏的了。"诗人回答："那么，您不洗脸，就认为自己是干净的吗？"发问者又说："您的诗不能使人沸腾，不能使人燃烧，不能感染人。"诗人答道："我的诗不是大海，不是火炉，更不是鼠疫！"

这段话引起了人们的掌声和笑语。诗人巧妙地运用了类比的手法，使自己的反驳充满了幽默感，不仅反驳了对方的观点，而且给唇枪舌剑的争辩添上了诙谐的色彩。

20世纪30年代中期，香港茂隆皮箱行由于货真价实、买卖公平，生意十分兴隆，于是引起英国商人威尔斯的嫉妒。这位狡猾的英国商人蓄意敲诈，就到茂隆皮箱行订购了3000只皮箱，价值港币20万元，合同写明1个月交货，过期不交或不按质按量交货，由卖方赔偿损失费的50%。到了交货日期，茂隆皮箱行的经理冯灿如数交货。但是，威尔斯却说："皮箱里有木料，就不是皮箱，合同上写明订的是皮箱。"因此，向法庭提出控诉，要求按合同赔偿损失。

就在威尔斯在法庭上信口雌黄、气焰十分嚣张时，冯灿的辩护律师罗文锦从律师席上站起来，从口袋里拿出金怀表，高声问法官：

"请问，这是什么表？"

法官答道："这是英国伦敦出口的金表。可是，这与本案有何关系呢？"

罗文锦高举金怀表，对法庭上所有的人说："有关系。这是金表，但是请问，这块金表除表面是镀金的以外，内部的机器都是金制的吗？"

"当然不是。"旁听者同声议论。

罗文锦便道："那么，人们为何又叫它金表呢？由此可见，茂隆皮箱行的案件，不过是原告无理取闹、存心敲诈罢了！"

由于罗文锦的出色辩护，原告在众目睽睽之下，理屈词穷。法庭最后则只好判威尔斯诬告罪，罚款5000元结案。

罗律师在法庭辩论取胜使用的也是类比论证法，他将金表与皮箱进行类比。他的推理过程是，金表表面镀金而内部不是黄金，可以叫作金表，皮箱外部是皮革但内部支撑有木料，当然也可以叫作皮箱。由于他巧妙地使用了类比论证，在轻松潇洒之中一举扭转辩论局势，大获全胜。

富兰克林和杰弗逊都是美国的开国元勋。《独立宣言》的起草人杰弗逊当年风华正茂、文才过人。他最不喜欢别人对他写的东西评头品足。当他把起草的《独立宣言》交给委员会后，就坐在会议室外，等待审查通过。可是，过了很久，不见回音，他就很不耐烦了。坐在他身边的富兰克林，唯恐这样下去会发生不愉快的事情，就拍拍杰弗逊的肩膀，给他讲了下面这个故事：有位叫汤普森的年轻朋友想开个帽店，他觉得，一个醒目的广告招牌对帽店的生意很有好处，于是设计了一个广告招牌："汤普森帽店——制作和现金出售各式礼帽"，下面还画了一顶帽子。他得意地把这个设计拿给各位朋友"提意见"。第一位朋友看了就不客气地说："帽店"一词与后面的"出售各式礼帽"语义重复，建议删去。第二位朋友则说："制作"一词也可以不要，因为你刚开业，顾客并不会因为帽子是你制作的就买，他们所关心的是帽子的质量和样式，而这些，需由他们亲自看到才行。第三位说："现金"二字实在多余。因为本地市场习惯现金交易，从不赊销。接受这三位朋友的意见后，设计就只剩下"汤普森出售各式礼帽"和那个帽子了。

"出售各式礼帽？"最后一位朋友对剩下的词也不满意。"谁也不指望你白送给他，留那样的词有什么用？"他把"出售"画去了，提笔想了想，连"各式礼帽"也一并"砍"掉了。理由是：下面明明画了一顶帽子嘛！

帽店开张了，来往顾客看见招牌上醒目地写着"汤普森"几个大字，下面是一顶新颖的礼帽图样。大家都异口同声称赞这个招牌做得好。

听完这个故事，杰弗逊明白了老友的意思，他那自负、焦躁的情绪终于平静下来。宣言草案经过众人的精心修改，更加完善，成了内容深刻、语言完美的不朽文献。

这里，富兰克林就是运用了类比术。通过类比，得出结论：如果杰弗逊能像汤普森那样听取朋友的意见，那么，其所起草的宣言在众人的修改下，就会成为一篇完善的文献。富兰克林巧妙地运用了类比术达到了劝说杰弗逊的目的。

每个事物不仅有着与其他事物不同的独特个性，同时，又有着与其他事物相同或相似的属性。也就是说，事物都存在着共性。类比论证法就是在考察两类事物某些相同或相似属性的基础上，推断出它们另外的属性也相同或相似的辩论方法。这种辩论方法灵活机动、变化无穷，能最大限度地表现一个人的辩论才能。

5. 将错就错，以谬制谬

在诡辩的过程中，最常用的就是归谬法了。将错就错、以谬制谬地"顺着来"，先承认被反驳的诡辩论题为真，然后据此推出荒谬的结果或对方不能接受的结论，从而在不知不觉中将对方引到自己否定自己的尴尬境地上来，有苦难言，丧失了任何反驳的余地。

清代大才子纪晓岚才华横溢，深得乾隆皇帝喜爱。纪晓岚在乾隆面前无所顾忌，经常口出"狂言"。

　　有一次，乾隆皇帝带着几个随从突然来到军机处。此时纪晓岚正光着膀子和军机处几个办事人员闲聊。其他人老远就看见皇上来了，连忙起身迎上前去接驾。这纪晓岚是高度近视，刚开始没看见走在最后面的乾隆，等他明白怎么回事的时候，乾隆就快到了。纪晓岚心中暗想：如果就这样光着膀子接驾，岂不是冒犯龙颜？干脆一不做二不休，趁着别人不注意钻到桌子底下躲起来。这一切，早被乾隆看了个真真切切，他心中一阵好笑，有心想"整整"纪晓岚。

　　乾隆在椅子上坐定，示意其他人都不许出声。很长时间过去了，纪晓岚在桌子底下早已待不住了，正好是大夏天，加上厚厚的桌布，把他给热得大汗淋漓。纪晓岚心中纳闷：怎么进来之后就没动静了？这么长时间了，早该走了，该不是已经走了吧？想到这里，便大声问道："老头子走了吗？"屋里的人都吓了一跳。

　　乾隆也听得清清楚楚，板起脸，厉声喝道："纪晓岚，你出来吧。"

　　纪晓岚一听是乾隆的声音，心想：完了，完了，这回可真完了。只好无可奈何地从桌子下钻出来见驾。

　　乾隆一看纪晓岚光着膀子、满身大汗又惊慌失措的样子，心里一阵好笑，人称"大清第一才子"的纪晓岚，居然这般模样。乾隆故意装作生气的样子，大声喝道：

　　"大胆的纪晓岚，你不见朕也就罢了，居然还敢说朕是'老头子'，你什么意思？今天你要讲不清楚，朕要了你的脑袋！"

到了这种境地，纪晓岚反倒镇静了许多，一边擦汗，一边苦思对策。忽然，他灵机一动，有了主意，不紧不慢地说道：

"万岁爷请息怒，刚才奴才称您为'老头子'，只是出于对您老人家的尊敬，别无他意。"

乾隆一听更来气了："尊敬？好，你给朕说说怎么个尊敬法。"

"先说这'老'字，天下臣民每天皆呼皇上万岁、万岁、万万岁，您说这万岁、万万岁算不算'老'啊？"

乾隆闻听此言并没作声，只是点点头。

"再说这'头'字，家有千口，主事一人，如今皇上便是我大清国的主事之人，是天下万民之首，'首'者'头'也。故此称您为'头'。"

乾隆边听边眯着眼睛笑，很是满意。

"至于这'子'嘛，意义更为明显。'皇上您贵为天子，乃紫微星下凡。紫微星，天之子也，因此称您为'子'。这便是我称您老人家为'老头子'的原因。"

乾隆听完抚掌大笑："好一个'老头子'，纪晓岚你果然是个才子。"

交际场合中，人们难免会有失意或者出丑的时候，谁也不想说错话、办错事，但这些又是不可避免的。人非圣贤，孰能无过？这时，该怎么办呢？

从纪晓岚身上你应该会获得启发，那就是不要就事论事，顺着一条思路走到底。调整思维，换个角度，另辟蹊径，不但可以替自己打圆场，还能为你的言行平添几分趣味。将错就错靠的就是你的应变能力了，而这种能力又是靠平时培养出来的。因此，要学会多角度分析问题，举一反三，旁征博引；能够自己证明自己的观点，自圆其说，那时，将错就错也就不为错了。

6. 虚拟前提，以假乱真

"以假乱真"指以仿造精巧之假去冒充真的，致使人分辨不清真假。在诡辩手法上，则是以精巧设计貌似为真的假判断来混淆视听，使人不明所以。

俗话说，"挽弓当挽强"。战国时的齐宣王就喜欢别人说自己擅长使用强弓。虽然他使用的弓不过三石，但他周围的人却一味阿谀奉承，说："此弓不下九石，非大王谁人能拉开它？"于是齐宣王至死都沾沾自喜能拉开九石强弓。

齐国还有一位黄老先生，谦虚得过了头，把自己堪称国色的两个女儿叫作丑八怪，以至于耽误了女儿的青春，过了婚龄也无人敢娶。

这些故事讲的都是受了虚假判断的迷惑或危害。但这还不能算是以假乱真的诡辩，充其量是假话说过了头。

下面这则已经格式化的故事就是以假乱真的诡辩了：

有个人花了1000元买了一套衣服。第二天她又返回，以不称心为由要求换一套。在她换了一套价值2000元的衣服后，抬腿就走。售货员急忙追出索取1000元的差额款。这个人也"奇怪"地问道："昨天已经给了1000元，今天又给了一套价值1000元的衣服，合起来正好2000元，你怎么还要钱？"

"少废话，还得交钱。"以"粗暴的简单"对"复杂的荒唐"，既没有辩驳力，也不可能有辩驳力。

"那笔账已经清了，这笔账还要另行结算。"把对方的"糊涂"顶回去，自己也不见得就"清楚"了。

怎么办？

在这个故事中，诡辩者七绕八绕，将假判断换算为真判断了。因此，我们只能从判断的逻辑性质开始"清算"。

判断是对对象有所断定的思维形式，它的逻辑性质一是有所断定，二是有真假。既然判断有真假，那么，判断之间的真假形式关系是可以计算的。如性质判断的真假制约关系可用"逻辑方阵图"来体现；各种复合判断的真假取决于其所包含的支判断的真假，按照不同复合判断逻辑联结项的含义，各种复合判断也存在着相互之间的换算。（参见任何一本普通逻辑教科书）

但无论判断之间怎样换算，一个被赋予假值的判断，再怎么七绕八绕，永远也"绕"不出它自身的真来。否则这个逻辑系统就是矛盾的了。

对于买衣服的"糊涂蛋"，我们也可以如此计算给他听：

"昨天给了你一套1000元的衣服，今天又给了你一套2000元的衣服，合起来共3000元。今天还给我们的衣服抵销了1000元，昨天已经付给我们的1000元再抵销1000元，所以我们还需再收你1000元钱。"

总之，面对此类混淆视听、以假乱真的障眼法，我们可以请循其本，再七绕八绕地"绕"回去："你吃了饭店的东西没有？""你买了商店多少钱的东西，又付了多少钱？"这样，无论这个诡辩者再怎么理直气壮地强词夺理，在真正的真判断之前，他也无法逃遁了。

虚拟前提是比较常见的诡辩术，了解这个方法对揭示对手的阴谋有非常重要的作用。

古印度，有专门为国王服务的哲学家。其中有一个哲学家，一再向国王宣讲"人们所看见的一切都是幻觉"的观点。对此，国王半信半疑。

有一次，大象受惊了，那个哲学家吓得面如土色，惊慌失措地逃跑了。看到这一情景的国王暗自好笑，事后讥讽他说："你那天怎么吓跑了呢？你是被幻觉吓坏了吗？"

哲学家不慌不忙地说："国王，你看见我逃跑了是吧，可是，你看见的也是一种幻觉。"

哲学家的推理是这样的：

——人们所看到的一切都是幻觉，

——国王看到我被大象吓跑了，

——国王看到的也是幻觉。

这个推理在形式上是没有什么毛病的，但结论是荒唐的。问题出在什么地方呢？就在大前提上。"人们所看到的一切都是幻觉"这个大前提是虚假的。由于前提假，尽管推论符合逻辑规则，仍不免得出错误结论。国王大概不晓得这一点，因而未能击中要害，反倒被职业诡辩家钻了空子。

虚假前提的诡辩，未必只是大前提虚假，也可能是大前提真实而小前提虚假，或者大小前提都虚假。

一个人问算命先生："你算命灵验吗？你算算看我可以活到多少岁？"算命先生说："我算命是非常灵验的，你假如不死的话，可以活到99岁；假如我算得不灵验，你在99岁之前死了，到时你可以来打我的嘴巴！"问话的人于是信了他，毕恭毕敬地向算命先生问起了前程。

这是算命先生们的秘密。当诡辩者使用虚假的条件命题来进行诡辩时，只要指出其条件满足而结果却无法出现，就可将其驳倒。

有个农民挎着手机在干活，一个青年小商贩从他面前经过，向他借手机，想和一个大商人说几句话。农民说按照当地的习惯，他的手机不能外借。小商贩感到奇怪，连忙追问原因。农民说："如果我把它借给你，你一定会感谢我，然后我们互相介绍，互相认识；相识之后，我就会请你到我家吃饭，你会看见我漂亮的女儿；你看见我漂亮的女儿，就会一见钟情；如果你一见钟情，你就一定会向她求婚；我呢，我必然要拒绝你的请求，因为我不愿意把女儿嫁给一个没有手机的人，所以……"话没有说完，小商贩不见了。

要揭穿这种诡辩，必须指出其中条件命题的虚假。当然，不与之辩也是一个办法。

古代有个叫叶衡的人，病得很重，知道自己将不久于人世，对美好的人世留恋不已，却找不到解脱之道。

这一天，叶衡向前来慰问自己的朋友打听："唉，我很快就要死了，不知道一个人死后状况好不好？"

有个善于诡辩的人答道："非常好。"

叶衡感到奇怪，问："你怎么知道呢？"

那个善于诡辩的人解释说："假如人死后状况不好，那么那些死者就会返回来。现在不见一个死者返回来，由此可知人死以后的状况肯定是很好的。"

叶衡上了当，但还是含笑而死。

用来确证某个思想为真的理由却是虚构的，这可以在某些时候给人以安慰，但不可以用来害人。

7. 强加理由，歪曲诡辩

歪曲词语意思，以达到自己的目的，这是经常用到的诡辩方法。了解一些歪曲诡辩的案例对不上歪曲诡辩的当非常有帮助。

隋代笑话集《启颜录》中有一则"无一无二"的故事：

> 北齐高祖的时候，有一个高僧叫大德法师，很是善于诡辩。一次，高祖叫他坐在高座上给大家讲道。大德法师立了一个"无一无二"的论题。当时很多著名的儒生学士都没能驳倒他。高祖听说有一个叫石动筒的，也很善于论辩，于是叫人把他找来与法师辩驳。石动筒来了后，问法师："看弟子有几只脚？"法师说："两只脚。"石动筒一脚向后，一脚独立，问法师："再看弟子有几只脚？"法师说："一只脚。"石动筒说："刚才是两只脚，现在是一只脚，怎么能说无一无二呢？"大德法师立即回答："如果说两只脚是真的，就不应有一只脚；如果说有一只脚，那明明有两只脚就不是真的了。"

真是一张好嘴呀！但总让人觉得别扭。问题到底出在哪儿呢？

人们在人际沟通中，总是相互传递着某种信息，或是讨论着某个问题。这种讨论问题的过程，就是论证的过程。一个完整的论证过程，是所有思维形式的综合运用，它必然由论题、论据和论证方式组成。

论题是真实性或虚假性需要确定的判断，它所要回答或明确的是"要证明什么或反驳什么"，即"要说明什么"。一般来讲，论题分为两类：一类是科学上已知为真的判断；一类是真实性需要检验的判断，比如辩论赛的正题和反题。诡辩者强行论证为"真"的论题，一般都表现为虚假判断，我们将它称作"并不成立的虚假论题"，如上述故事中的"无一无二"，就是不顾事实的虚假判断。

论据是用来确定论题的真实性或虚假性的已知为真的判断，是一个论证的根据。它所要回答的是"用什么来证明或反驳"，即"用什么来说明"。论据一般也有两类：一类是已经确认为真的事实情况，一类是科学的定义、公理、定理。

论证方式是论题与论据之间的联系方式，它所要回答的是"怎样用论据来论证论题"，即"怎样说明"。一个完整的论证，必须要有论题和论据之间的逻辑联系，这样才能以真实的论据，有逻辑地确定论题的真或假。又由于，在一个论证过程中，论题和论据之间的联系总要借助一定的推理方式来实现。所以，所谓的论证方式，就是论证中使用的推理方式。

既然一个论证过程必然由论题、论据、论证方式组成，那么，一个正确的论证也必须要遵守有关论题、论据、论证方式的规则。

关于论题的规则，一是论题必须明确。如果论题不明确，就无法找到适当的论据与正确的论证方式对它进行论证，别人也不知道你要说什么。违反这条规则，就会犯"论题不明"的逻辑错误。二是论题必须保持同一。这是强调在一个论证中，必须围绕同一个论题展开论证。违反这条规则，就会犯"偷换论题"或"混淆论题"的逻辑错误。

关于论据的规则，一是论据必须真实。如果论据虚假，论题的真实性或虚假性将无从证明。违反这条规则，就会犯"虚假理由"的逻辑错误。二是论据的真实性不能依靠论题来证明。这是因为，一个论题的真实性是由论据推出来的。论据本身的真实性应当是确凿无疑的。如果论据的真实性反倒还要依靠论题来论证，那么就扯来扯去，谁也说不清了。违反这条规则，就会犯"循环论证"的逻辑错误。

关于论证方式的规则，论证必须遵守各种推理形式的逻辑规则。如果论题与论据之间没有一定的逻辑联系，它们仍然是各自散在地上的一堆石头，构不成完整的论证链。违反这条规则，就要犯"推不出"的逻辑错误。

按逻辑推理的要求，前提真实和形式正确是一个正确推理的两个必要条件。因此，作为真实性或虚假性需要确定的判断(论题)，如果它是真实的，它总会通过真实的论据和正确的论证方式得到证明；但是，如果一个论题是虚假的，却想"论证"出它是"真的"，就只能借助虚假的论据或违反思维形式、思维规律要求的诡辩方法来强词夺理了。因为，一般而言，虚假的论题总是与虚假的论据或错误的论证方式形影不离。

在"无一无二"的证明中，其一，诡辩者的论据——"如果说两只脚是真的，就不应有一只脚；如果说有一只脚，那明明有两只脚就不是真的了"，就是无视"已经确认为真的事实情况"的虚假论据。其二，在论证方式上，"如果说两只脚是真的，就不应有一只脚"的证明，只能得出"无二"的结论；"如果说有一只脚，那明明有两只脚就不是真的了"的说明，只能得出"无一"的结论。这两个结论实际上是相互对立的一对反对判断，如果把这两个结论合为"无一无二"的总结论，就是在肯定一种想法的同时又否定这一想法，自相矛盾了。而这恰好违反了前述思维规律中矛盾律的逻辑要求："在同一思维过程中，任何一种思想及其对立面不可能都是真的，其中必有一者是假的。"

对付这些诡辩，我们只能以列宁所说的"不仅是'胜于雄辩的东西'，而且是证据确凿的东西"的事实来直接指出它不符合实际，是个假判断。在"无一无二"的笑话中，石动筒看大德法师还在诡辩，就又紧紧地逼问道："弟子听说，一个天上不会有两个日头，一个国家不能有两个皇帝，你还能说'无一'吗？卜有乾坤，天有日月，皇后配天子，这就是二人，你还能说'无二'吗？"在事实面前，大德法师只能嘿嘿一笑，不好再说什么了。